종교근본주의연구소 연구총서 ①

| 문병길 지음 |

정상적인 그리스도인의 생활과 믿음

쿰란출판사

 추천사

　우리는 모두 세월호 사건을 보면서 큰 충격을 받았다. 이 사건의 원인을 제공한 이면에는 이단 종교 단체가 있다. 특히 구원파가 정부의 특정인을 거론하며 시위를 하는 모습은 분명하게 잘못되었다. 그런데 이런 모습이 과연 구원파만의 모습이겠는가? 오늘날 한국 교회가 당면한 문제가 바로 여기에 있다. 큰 교회들에서 보여지는 세속화 문제는 세월호 사건과 닮은 점이 많다. 물론 세상 밖은 더욱더 심각하다. 그러나 세상을 탓하기 전에 세상이 기독교를 걱정하는 현실에서 세월호 사건은 한국 교회에 대한 하나님의 경고다.

　"하나님의 나라는 먹는 것과 마시는 것이 아니요 오직 성령 안에 있는 의와 평강과 희락이라"(롬 14:17).

　교회가 화평이 없고, 성령 안에서 기쁨이 없다면 이미 그리스도는 그곳에 없다. 그리스도는 평강의 하나님(롬 16:20)이시다. 교회가 파벌 싸움의 온상이 되고, 돈 문제로 분열되고, 심지어 파벌 간에 철조망으로 경계를 삼고, 강대상을 점령하는 등 그리스도를 욕되게 한다면 이미 그곳은 성령이 떠난 곳이다. 오늘날 교회들은 먹고 마시는 일들로 그리스도를 대치하고 있기 때문에 세속화되었다.

이 시대는 교회의 시대다. 교회의 시대는 하나님 나라의 연속이다. 로마서 12장부터 16장까지는 교회 생활을 다루고 있다. 교회는 주로 은혜와 생명의 문제를 다루지만, 하나님 나라는 훈계와 징계를 다룬다. 그래서 로마서 14장 10절에서는 하나님의 심판 곧 그리스도의 심판(고후 5:10)을 함께 말씀하고 있다. 많은 그리스도인들은 심판이 있음을 망각하고, 자기 식대로 믿고 생활하는 것이 문제다.

우리는 그리스도의 심판대 앞에서 충성된 종이 되기 위해서 반드시 이 땅에서 정상적인 그리스도인의 생활을 해야 한다. 한국 교회의 세속화를 염려하는 문병길 목사의 노력에 하나님의 큰 은혜가 있을 것으로 확신한다. 그동안 세속화 문제를 함께 염려하면서 한국 교회가 성경으로 돌아가기를 함께 기도하고 있다. 때마침

세월호 사건을 계기로 그리스도인의 정상적인 생활에서 벗어나는 모습들을 생각하고 있었다는 점에서 하나님께 감사드린다. 모두 함께 로마서 12장을 깊이 묵상하는 기회를 갖기 바란다.

임마누엘!

2014년 10월 10일

조원길 목사

(남성교회 원로목사, 종교근본주의연구소 이사장)

들어가는 말

우리는 최근에 세월호 침몰 사건의 비극을 보았다.

이 사건은 한국 교회를 향한 하나님의 경고다. 왜냐하면 한국 교회의 지나친 세속화로 인하여 '진리의 도가 훼방'(벧후 2:2)을 받음으로써 그리스도인들의 정상적인 생활을 방해하고 있기 때문이다. 예수 그리스도가 다시 오시는 인자의 때가 되면 "노아와 롯의 때"(눅 17:26-30)와 같다고 했다. '롯의 처'는 구원받은 자이나 정상적인 생활을 못함으로써 "누구든지 공적이 불타면 해를 받으리니 그러나 자기는 구원을 얻되 불 가운데서 받은 것 같으리라"(고전 3:15)는 말씀의 대표적인 사례가 되었다.

성경에서 바다는 세상을 예표한다. 그 위의 세월호는 침몰했지만 '노아의 방주'인 구원의 배, 교회는 하나님의 목적을 이루어 갈 것이다. 우리는 하나님의 음성을 듣는다.

"내가 나를 위하여 바알에게 무릎을 꿇지 아니한 사람 칠천 명을 남겨 두었다"(롬 11:4).

이 패역한 세대는 탐욕이라는 바알에게 무릎을 꿇고 있다. 그러나 하나님은 손해 보시는 분이 절대 아니다.

하나님의 목표는 그리스도의 표현을 위한 몸이며, 하나님이 거하시기 위한 교회의 세움이다. 하나님은 말씀이 육신이 되어 우리 가운데 거하심(요 1:14)으로써 우리의 장막이요, 성전(요 2:21)이 되셨다. 그러나 우리가 그리스도의 몸이고, 교회가 되는 것은 단번에 되는 것이 아니다. 구원을 받음으로써 의인이 되고, 의인으로서 변화된 삶을 통해 거룩해짐으로써 생명의 성숙을 이룬다. 이같은 성숙이라는 온전한 구원을 얻어야만 하나님의 통치권에 참여할 수 있다. 많은 그리스도인들이 이 점에 대하여 심상히 생각함으로써 자신이 '롯의 처'가 될 수 있음을 간과하고 있다.

로마서는 구원과 생명과 교회에 대하여 성경의 어느 책보다도 분명하게 말하고 있다. 우리가 생명이신(요 14:6) 그리스도를 얼마나 닮았느냐에 따라 건강한 몸이 될 것이며, 교회를 세우는 데 "귀히 쓸 그릇"(롬 9:21)이 될 것이다. 특히 로마서 12장은 그리스도의 생명을 영접한 그리스도인으로서 성장을 위한 변화를 핵심으로 하고 있다. 자신이 산 제물로서 생각의 변화를 받아 자신에게 주어진 은사를 지혜롭게 사용하고, 영 안에서 열심을 품을 때에 그리스도의 심판대에서 '롯의 처'가 되지 않을 것을 분명하게 제시하고 있다. 그리고 교회를 위하여 권세에게 불순종이나 돈에 대한 애착 등은 그리스도인의 정상적인 생활을 막고 있기 때문에 두렵고 떨림으로 구원을 이루라는 말씀에 의지하고자 한다.

2014년 10월 10일

문병길

목차

- 추천사-조원길 목사(남성교회 원로목사, 종교근본주의연구소 이사장) · 2
- 들어가는 말 · 5

1부 그리스도인의 정상적인 생활

1. 너희 몸을 거룩한 산 제물로 드리라 - 롬 12:1 · 12
2. 마음을 새롭게 함으로 변화를 받으라 - 롬 12:2 · 21
3. 믿음의 분량(은사)대로 지혜롭게 생각하라 - 롬 12:3 · 31
4. 부지런하여 영 안에서 열심을 품고 주를 섬기라 - 롬 12:11 · 40
5. 위에 있는 권세에게 굴복하라 - 롬 13:1 · 49
6. 다 하나님의 심판대 앞에 서야 한다 - 롬 14:10 · 63
7. 평강의 하나님께서 사탄을 상하게 하시리라 - 롬 16:20 · 72
8. 돈을 사랑함이 일만 악의 뿌리다 - 딤전 6:10 · 80
9. 십일조는 그리스도인의 당연한 의무다 - 히 7:14 · 91
10. 두렵고 떨림으로 너희 구원을 이루라 - 빌 2:12 · 99

- 나오는 말 · 110

2부 믿음의 소리[1]

1. 우리 주 예수 그리스도의 하나님 • 114
2. '흑암의 권세'와 바울 • 121
3. 헬라 철학과 영지주의 • 126
4. '어머니 하나님'은 이단의 괘변(卦變) • 134
5. 그리스도는 유월절 어린양 • 141
6. '안식일'은 장래 일의 그림자 • 150
7. 하나님의 귀중한 이름 • 158
8. 하나님의 이름을 부르는 생활 • 177
9. 그리스도의 사랑과 교황의 사랑 • 187

---

1) "광야에 외치는 자의 소리가 있어 이르되 너희는 주의 길을 준비하라 그가 오실 길을 곧게 하라"(마 3:3)는 말씀에 의지하여 종교근본주의연구소와 한국교회개혁포럼에서 발간하는 '광야의 소리' 제하 분기별 소식지 게재(1-3호).

1부

그리스도인의 정상적인 생활

"형제가 연합하여 동거함이 어찌 그리 선하고 아름다운고 머리에 있는 보배로운 기름이 수염 곧 아론의 수염에 흘러서 그의 옷깃까지 내림 같고 헐몬의 이슬이 시온의 산들에 내림 같도다 거기서 여호와께서 복을 명령하셨나니 곧 영생이로다"(시 133편).

01

너희 몸을 거룩한 산 제물로 드리라
_ 로마서 12:1

"그러므로 형제들아 내가 하나님의 모든 자비하심으로 너희를 권하노니 너희 몸을 하나님이 기뻐하시는 **거룩한 산 제물로 드리라** 이는 너희가 드릴 영적 예배니라"(롬 12:1).

우리가 성경을 묵상하다 보면 용어 하나, 문장을 이어주는 접속사나 부사, 구두점까지도 그 의미를 보아야 할 때가 많다. 로마서 12장 첫 문장을 시작하는 '그러므로'라는 부사도 그냥 쓰는 말이 아니다. 통상 이 말은 앞의 내용이 뒤의 내용의 이유나 원인, 근거가 될 때에 쓰는 접속부사다.

로마서는 총 16장으로 되어 있으며, 1장부터 8장까지를 전반부라고 하고, 9장부터 16장까지를 후반부라고 한다. 전반부는 우리 개인의 구원(칭의)과 거룩함(성화)을 말하고, 후반부는 우리의 운명과 그 변화를 통하여 단체적인 몸, 곧 교회 생활을 말한다. 이를 요약하면 구원과 성화와 몸, 교회 생활이라는 네 단계를 말하고 있다.

사도 바울이 로마서를 쓴 이유는 죄인 된 사람이 구원받고, 거룩함에 의하여 성화되고, 하나님의 영광에 의해 영화롭게 되는 것이지만, 그 최종 목적은 정상적인 교회 생활을 하도록 하는 데 있다. 그래서 로마서의 완성은 교회 생활 곧 몸의 변화된 생활이 그리스도인의 목표다. 따라서 로마서는 그리스도인의 생활에 관한 책이요, 교회 생활에 관한 책이다.

하나님의 모든 자비

그리스도인들 중 많은 이들이 구원의 초기 단계에 머물러 있다. 어떤 이는 이렇게 말한다.

"구원받은 것으로 충분하지 않습니까? 나는 구원받았고, 예수님의 피가 나를 영원히 구속했습니다. 나는 거듭났고 이제는 하나님의 자녀입니다. 하나님 나라에 가면 제사장이지요. 이 이외에 다른 무엇이 있습니까?"

이런 이들은 하나님의 거룩함으로 "두렵고 떨림으로 너희 구원을 이루라"(빌 2:12)는 성화의 길을 모르기 때문에 구원받은 이후에 죄 짓는 문제에 대하여도 심상하게 생각함으로써 비판을 받고 있다. 올바른 그리스도인이라면 주님의 은혜의 깊이를 알아야 한다.

사도 바울은 이런 이들을 위하여 로마서를 기록했다. 구원받은 이후에 우리 육신 속에 죄의 법이 있음을 깨닫고, 변화의 길을 통하여 이제는 개인적인 '나'가 아니라 단체적인 몸의 일원으로서 교회 생활이 최종 목표임을 제시하고 있다. 그래서 지금까지의 개인의 성화는 변화된 단체적인 몸의 원인과 근거라는 뜻에서 12장을 '그러므로'라고 시작한다. 결국 하나님의 목적은 우리가 단체적인 생활인 몸의 생활을 하는 것이다. 그분의 구속과 칭의와 성화가 이를 위해 있다.

사도 바울은 이것을 위해 간구하고 있다. 바울은 "그러므로 형제들아 내가 하나님의 모든 자비하심으로 너희를 권하노니"라고 기도한다. 여기에서 '자비'는 '긍휼'보다 더 깊은 의미다.

> "모세에게 이르시되 내가 긍휼히 여길 자를 긍휼히 여기고 불쌍히 여길 자를 불쌍히 여기리라"(롬 9:15).

우리가 하나님의 자녀가 되고, 아들들이 되는 것은 하나님이 우리를 불쌍히 여기고, 긍휼히 여기고, 그보다 더 큰 자비하심의 결과임을 아는 것이 사도 바울의 마음과 하나 되는 것이다. 그러나 많은 그리스도인들이 여기에 미치지 못하고 있다.

창세 이후 하나님의 갈망은 그리스도를 위한 몸을 갖는 것이다. 머리인 그리스도는 몸을 갖고, 몸의 생활 곧 교회를 갖는 것이다. 이것이 하나님의 최종 목적이다. 하나님은 우리를 택하심으로 자비를 베푸셨다.

우리는 하나님을 떠난 죄 덩어리였으며, 종교적으로 문화적으로 사탄의 종으로서 자유를 박탈당했으나 이제는 예수 그리스도의 종(롬 1:1)으로서 자유를 누리게 하신 하나님의 은혜(롬 3:21-31)를 받았다. 이보다 더 큰 자비는 없을 것이다. 우리가 이러한 자비를 제대로 깨닫고 감동받았을 때에는 사도 바울이 우리에게 하도록 권하는 것은 무엇이든지 다 할 것이다.

산 제물

이어서 사도 바울은 "너희 몸을 하나님이 기뻐하시는 거룩한 산 제물로 드리라"고 한다. 여기에 우리의 몸은 어떤 몸인가를 우선 알아야 한다. 우리의 몸은 많은 지체로 구성되어 있다. 그리고 각 기관인 손과 발과 눈과 코와 입 그리고 귀 등은 따로따로 움직일 수 없다. 반드시 모두 함께 움직여야 한다. 이것이 비밀이다. 몸의 움직임 곧 몸의 생활은 단체적이라는 것이다. 로마서 11장까지는 개인적인 몸에 대한 것이었다.

> "또한 너희 지체를 불의의 무기로 죄에게 내주지 말고 오직 너희 자신을 죽은 자 가운데서 다시 살아난 자 같이 하나님께 드리며 너희 지체를 의의 무기로 하나님께 드리라"(롬 6:13).

우리는 부활하신 그리스도의 생명 안에 있기 때문에 산 자다.

그래서 우리의 지체는 도구다. 의와 불의가 전쟁을 할 때에 전투의 병기인 무기다. 이것은 어디까지나 개인인 내가 의인으로서 전쟁과 섬김의 당연한 의무다. 그러나 몸의 구성원으로서 나는 단체적인 몸으로 변화된다. 이 변화된 내가 단체적인 몸에 맞도록 되는 것이 변화요, 단체적인 몸의 활동인 교회 활동에 참여하는 것이다.

뿐만 아니라 그 제물은 거룩해야 한다.

"너희 몸을 하나님이 기뻐하시는 거룩한 산 제물로 드리라."

제물에는 하나님이 기뻐하시는 제물이 있고, 기뻐하지 않는 제물이 있다. 가인과 아벨이 하나님께 제사를 드렸을때 가인의 제물은 기뻐하지 않으셨지만 아벨의 제물은 기뻐하셨다(창 4:3-5). 가인은 행위로 드렸지만, 아벨은 믿음으로 드렸다. 그리스도인은 이미 믿음으로 의롭게 된, 하나님이 기뻐하시는 제물이다. 교회 생활은 불의와 싸우는 병기나 종으로서 섬기는 문제가 아니라 하나님의 만족을 위하여 드리는 제물이다. 제물은 많은 몸들이 드리지만 제물은 오직 하나다. 그 이유는 많은 지체들이 한 몸이고, 많은 믿는 이들이 한 교회이기 때문이다.

그리고 바울은 왜 '산'이라는 단어를 사용했는가? 구약시대에 드려지는 제물들은 모두 살육당한 죽은 제물이다. 우리의 생명이신 그리스도는 부활하시고 현재도 살아 계신 산 제물이시다. 그 생명을 받은 그리스도인들은 산 제물이다. 우리는 로마서 8장에서 이미 그리스도인들은 생명을 주신 그리스도로 인하여 충만함을 보았다. 그들이 자신을 하나님께 제물로 드리기 위해 12장에 올 때에는 생명과 성령으로 충만한 산 제물인 것이다.

뿐만 아니라 제물 또한 거룩해야 한다. 이것은 그 제물이 평범한 것들과 구분되어야 한다는 것이다. 본래 '거룩'이란 말은 구분된다는 뜻이다. 오직 그리스도만이 유일하게 구분되는 거룩한 분이다.

우리 주변에는 그리스도의 영광을 위한다는 목적으로 사역하는 많은 기독교 단체들이 있다. 우리는 이들이 과연 세상과 구별되고 있느냐를 보아야 한다. 눈만 뜨면 분열되는 교회와 교단이 있다. 장로교라는 이름의 교단만 해도 300개가 넘는다. 교회는 모든 종류의 사회조직과는 다르다. 그러므로 교회에서 드려지는 제물은 하나님이 기뻐하시는 유일한 것이어야 하며, 그리스도의 몸을 위한 것이어야 한다.

그리스도인은 혼자가 아닌 단체

더불어 사도 바울은 신령과 진정으로 드리는 영적 예배여야 함을 강조하고 있다. 왜냐하면 자신을 하나의 산 제물로 하나님께 드리는 것이 가장 합당한 영적 예배이기 때문이다. 제물을 드린다는 것은 구약에서는 제사장의 직책이다. 우리는 제사장들이다.

"너희는 택하신 족속이요 왕 같은 제사장들이요 거룩한 나라요 그의 소유가 된 백성이니 이는 너희를 어두운 데서 불러내어 그의 기이한 빛에 들어가게 하신 이의 아름다운 덕을 선포하게 하심이라"(벧전 2:9).

이 말씀에서도 족속, 제사장들, 백성은 모두 집합명사로 단체적인 그리스도인들이다. 그리스도는 우리의 대제사장으로서 왕 중의 왕이요, 우리는 제사장들로서 왕권에 참여한다. 정상적인 그리스도인이라면 산 제물을 드리는 제사장으로서 교회 생활에 반드시 참여해야 한다. 몸을 드린다는 것은 실질적으로 몸이 교회의 일원이 되어야 한다는 것이기 때문이다.

교회 생활을 위하여 모든 것을 포기하는 것은 합리적이고 합당한 것이다. 그리스도인들이 함께 모여 복음 전하는 선교 문제를 논의한다고 할 때, 내 몸을 산 제물로 드리는 생활, 곧 함께 참여하는 생활이 절대적이다. 우리의 몸을 모든 것에 우선하여 교회 생활에 드리는 것이 정상적인 그리스도인의 모습이기 때문이다.

가장 큰 죄악

그러나 이 땅에서 정상적인 교회 생활을 할 수 있는 곳이 많지 않다는 것이 오늘날 한국 교회의 암울한 현실이다. 이로 인하여 많은 그리스도인들이 방황하고 있다. 이 시대의 변질된 현대 교회는 부자요, 부요함을 자랑하며 세속화가 되고 있지만, 하나님은 차지도 아니하고 더웁지도 아니하고 미지근한 교회에 대하여 "내 입에서 토하여 버리리라"(계 3:15-17)고 말씀하신다.

> "오늘날의 한국 교회는 종교개혁이 일어났을 때 못지않게 세속화되었다. 성경에 대한 무지, 강단의 세속화, 교권주의, 공명(功名)주의, 분파주의, 미신적 사고, 교회의 기업화, 성적(性的) 부도덕, 목회자의 독선, 물신(物神) 숭배 그리고 지나친 개인주의와 개교회주의로 인하여 한국 교회는 맛을 잃은 소금처럼 되어 세상을 변화시키기보다 세상으로부터 배척을 당하기에 이른 것이다."(예장통합 종교개혁 500주년 기념사업회의 〈목회자윤리강령〉 2011.10.29)

참된 그리스도인들이 교회 생활에 몸을 맡길 만한 곳이 거의 없다. 그것이 한국 교회의 현실이요 비극이다. 구원받아 거듭난 영혼들이 방황하고 있다. 오늘날 너무도 많은 그리스도인들이 말씀을 듣지 못한 기갈 속에 있다(암 8:11). 예컨대 한국 교회의 고질적인 문제 중의 하나가 부자 세습이다. 대형 교회에서는 부자 세습을 못한다 하니까 이제는 편법 세습으로 변하고 있다.

또한 원로목사의 퇴직금으로 엄청난 금액을 요구하고 있다. 교단장이나 단체장을 하겠다면서 수억에서 수십 억의 많은 돈이 오가고 있다. 더욱이 설교자나 목회자들이 가장 비난받아야 할 행동은 교회 생활을 자신의 가족이나 자신의 명예를 위하여 교회를 이용하는 모습이다. 이 문제로 교회가 분열되고, 말씀을 제대로 듣지 못하고 있으며, 너무도 많은 성도들의 영혼이 상처받고 있다. 이것이 목회자의 가장 큰 죄악이며, 하나님께 산 제물을 드리는 모습이 아니다.

02

마음을 새롭게 함으로 변화를 받으라
_ 로마서 12:2

"너희는 이 세대를 본받지 말고 오직 **마음을 새롭게 함으로 변화를 받아** 하나님의 선하시고 기뻐하시고 온전하신 뜻이 무엇인지 분별하도록 하라"(롬 12:2).

"노아의 때와 같이 인자의 임함도 그러하리라"(마 24:37; 눅 17:26).

"또 롯의 때와 같으리니 사람들이 먹고 마시고 사고 팔고 심고 집을 짓더니……인자가 나타나는 날에도 이러하리라……롯의 처를 기억하라"(눅 17:28-32).

"네가 이 세대에서 부한 자들을 명하여 마음을 높이지 말고 정함이 없는 재물에 소망을 두지 말고 오직 우리에게 모든 것을 후히 주사 누리게 하시는 하나님께 두며"(딤전 6:17).

사도 바울은 그리스도의 몸인 교회 생활을 말하면서, 먼저 우리의 몸을 하나님이 기뻐하시는 산 제물로 드리라고 요구한다. 그리고 이 세대를 본받지 말고 마음을 새롭게 함으로 변화를 받을 것을 두 번째로 말하고 있다. 변화의 문제를 이렇게 강조하는 것은 많은 그리스도인들이 교회 생활에 관해서 말하기를 싫어하기 때문이다. 변화는 자연스럽게 오는 것으로 착각한다.

그들은 이렇게 말한다.

"우리는 영적이고, 거룩하게 되고, 성장하기만 하면 좋다. 주님이 오시는 날 우리도 휴거되어 함께 영광을 누릴 것이다. 그러니 교회에서 목사님이나 설교자가 하라는 대로만 하면 다음에 상을 받을 것이다."

그들은 정상적인 교회 생활에 대하여 깊이 있게 묵상하기를 싫어한다. 사도 바울이 로마서를 기록할 때에 구원받고, 거룩하게 되고, 영화롭게 되는 것을 위하여 쓴 것이 아니라 이와 같은 과정을 통하여 결국 교회 생활을 위하여 기록했음을 아는 그리스도인들은 많지 않다. 로마서의 목적은 '정상적인 교회 생활'이다. 이를 위해 우리는 변화를 받아야 한다. 왜냐하면 천년왕국 전에 교회 생활에서 각 사람이 행한 대로 고하는(고전 4:5) 그리스도의 심판(고후 5:10)이 있기 때문이다.

이 세대를 본받지 말라

먼저 이 세대가 어떤 세대인지를 보자. 이 세대란 교회 생활과 반대되는 현재의 실제적인 세상의 생활이다. 온 세상은 사탄에 의

하여 조직된 사회다. 세상은 코스모스(cosmos)로서 조직 곧 체계적인 제도를 의미한다. 기독교적인 세계관에서 볼 때에 사탄은 모든 사람과 모든 인간 생활의 항목들을 조직화했다. 그래서 이 세상 조직은 많은 세대들로 구성된다.

각 세대는 그 나름의 현대적인 유행이 있다. 영어에서 현대(modern)라는 단어는 세대(age)의 다른 표현이다. 따라서 '이 세대를 본받지 말라'는 의미는 '현대화되지 말라'는 의미로서 현대화된다는 것은 유행을 따르고, 현 세대를 본받는다는 의미다. 성경에서는 이런 세대의 모습을 노아의 때와 롯의 때로 비유하고 있다.

노아와 롯의 때는 하나님이 심판하신 직전의 모습을 예표하고 있다. 하나님은 땅 위에 사람 지었음을 한탄하시고 마음에 근심하셨다(창 6:6). 하나님께서 자기 형상을 따라 지으신 사람이 얼마나 큰 죄악을 지었기에 한탄까지 하셨을까! 그 당시 하나님은 완전한 자인 노아를 통하여 구원의 길을 마련하고자 이 세상을 물로 심판하셨다.

노아의 방주는 오늘의 교회의 예표다. 롯의 때는 어떠했는가? 그가 살던 소돔이 죄악(창 19:5)으로 가득했다. 특히 오늘날의 세대들과 같이 동성애가 만연한 세상이었다. 그래서 하나님은 이제는 물이 아니라 유황불로 멸망을 시키면서 "롯의 처를 생각하라"(눅 17:32)고 경고하고 있다. 앞으로 불로 심판받을 이 시대의 예표다.

롯의 처는 머뭇거리며 소돔을 뒤돌아보다가 소금기둥이 되어

버렸다. 소돔의 악한 세상을 버리지 못하고 사랑했기 때문이다. 롯의 처는 비록 소돔에서 구출되었지만 안전한 곳에 이르지 못했다. 완전한 구원을 받지 못했다는 것이다. 소금이 맛을 잃은 것처럼(눅 14:34-35) 그녀는 수치스런 장소에 버려졌다. 이것은 세상을 사랑하는 그리스도인들에게 엄중한 경고로 다가온다.

우리는 바로 이런 세상에 살고 있다. 그래서 바울은 이런 세상을 본받지 말라고 한다. 그렇게 되면 반드시 해를 본다.

"누구든지 그 공적(공력-개역한글)이 불타면 해를 받으리니 그러나 자신은 구원을 받되 불 가운데서 받은 것 같으리라"(고전 3:15).

완전한 구원

그러면 완전한 구원이란 무엇인가? 롯의 처가 그에 대한 답이다. 분명하게 소돔이라는 죄악된 세상으로부터 부르심을 받았다. 마치 아브라함이 바벨론의 우상의 도시에서 부르심을 받고 이스라엘 백성이 죄악의 세상인 애굽에서 부르심을 받은 것처럼 구원은 받았지만 세상을 사랑했기에, 즉 자기 자신을 처리하지 못했기에 소금기둥이 되었다.

말씀이 육신이 되어 오신 예수 그리스도는 인류 역사에서 가장 위대한 두 가지 일을 하셨다.

첫째, 우리의 죄를 주님의 피로 처리하셨다.

"피흘림이 없은즉 사함이 없느니라"(히 9:22).

"염소와 송아지의 피로 하지 아니하고 오직 자기의 피로 영원한 속죄를 이루사 단번에 성소에 들어가셨느니라"(히 9:12).

이것은 과거시제다. 이미 2천 년 전에 내 죄를 모두 사해 주셨다. 둘째, 우리 자신을 십자가에서 처리하셨다.

"우리가 알거니와 우리의 옛 사람이 예수와 함께 십자가에 못 박힌 것은 죄의 몸이 죽어 다시는 우리가 죄에게 종 노릇 하지 아니하려 함이니"(롬 6:6).

우리의 죄된 몸 곧 옛 사람이 십자가에 못 박혔다는 것이다. 롯의 처는 비록 구원은 받았지만 세상의 종이었던 옛 사람은 구원받지 못했다.

우리 안에서 죄의 법으로부터 해방되기 위해서는 "오호라 나는 곤고한 사람이로다 이 사망의 몸에서 누가 나를 건져내랴"(롬 7:24)는 사도 바울의 절규를 나도 체험하는 생활이 되어야 한다. 물론 구원받기 전에도 이러한 절규가 있어야 하지만 믿음의 생활 속에서도 사망의 몸이 탐심으로 가득 차 있음을 고백할 때에 로마서 8장의 "생명의 성령의 법"(롬 8:2)이 나를 해방하게 될 것이다. 많은 그리스도인들이 이 점을 소홀히 하기 때문에 세상으로부터 자유가 없다.

첫 번째 구원이 우리의 행위에서 짓는 죄를 처리하는 객관적인 구원이라면, 두 번째 구원은 우리의 몸의 구원 곧 자신으로부터의 구원인 주관적인 구원이라 할 수 있다. 그래야만 부활하신 예수님이 하나님의 아들로 인정(롬 1:4)되었듯이 우리도 하나님의 아들로 인정됨으로써 영광의 몸이 되는 것이다. 이것이 완전한 구원이다.

생각이 변화되어야

우리의 가장 큰 문제는 내 몸 안의 탐심이다. 그래서 사도 바울은 몸의 활동인 정상적인 교회 생활을 위해서는 생각을 새롭게 함으로 변화를 받아야 한다고 말하고 있다.

생각이란 무엇인가? 사람은 영과 혼과 몸으로 구성되어 있다.

> "평강의 하나님이 친히 너희를 온전히 거룩하게 하시고 또 너희의 온 영과 혼과 몸이 우리 주 예수 그리스도께서 강림하실 때에 흠 없게 보전되기를 원하노라"(살전 5:23).

우리는 예수님이 다시 오실 때에 영과 혼과 몸이 흠이 없이 보전되어야 한다. 우리의 영은 하나님의 영으로 구원을 받았다. 이것이 "주와 합하는 자는 한 영이니라"(고전 6:17)는 위대한 비밀을 받은 것이다.

다음으로 우리의 혼, 즉 우리의 생각과 감정과 의지가 그리스도의 거룩함으로 채워져야 한다. 그러기 위해서는 먼저 생각이 변화되어야 한다. 생각이 변화되면 우리의 감정이 순화되고 주님을 향한 결연한 의지가 강해진다. 이것이 성화의 길이다. 바로 이렇게 될 때에 부활하신 주님처럼 우리의 몸도 부활에 참여하는 영광을 갖게 된다.

탐심이 가장 큰 우상

그러나 이것을 가로막고 있는 것이 탐심이다. 지금의 한국 교회를 이끌어가는 많은 목회자나 설교자들이 이 같은 탐심에서 벗어나지 못하고 있다. 자식을 후계자로 세우려다가 반대에 부딪쳐 편법으로 승계하는가 하면 교회에 돈이 쌓이자 별의별 일들을 행하고 있다. 큰 교회 당회장실은 대통령 집무실이 부럽지 않다.

세월호 참사의 근본원인도 한 사람의 지나친 탐욕에서 비롯되었다. 탐심은 우상 숭배다. 한국 교회가 탐심으로 인하여 사분오열되고 있다. 여기에 하나님이 계신다고 판단할 수 있는가. 명예라는 탐욕으로 총회장이 되기 위해 정치인보다 더한 비리를 저지르고 있다. 그러고도 투표가 끝나면 하나님이 세운 종이라고 사탕발림의 기도를 하고, 여기에 '아멘'하고 있다. 바로 탐심을 가진 자들이 부한 자들이다.

사도 바울은 자신의 후계자요, 믿음 안에서 참 아들이 된 동역자 디모데에게 부한 자들은 정함이 없는 재물에서 떠나야 한다고 말하고 있다. 성경을 다시 보자.

> "네가 이 세대에서 부한 자들을 명하여 마음을 높이지 말고 정함이 없는 재물에 소망을 두지 말고 오직 우리에게 모든 것을 후히 주사 누리게 하시는 하나님께 두며 선을 행하고 선한 사업을 많이 하고 나누어 주기를 좋아하며 너그러운 자가 되게 하라 이것이 장래에 자기를 위하여 좋은 터를 쌓아 참된 생명을 취하는 것이니라"(딤전 6:17-19).

부한 자들은 정함이 없는 재물에서 떠나 우리의 소망을 하나님께 두고, 선한 사업을 통하여 참된 생명을 취할 좋은 터를 마련하라고 한다. 정함이 없는 재물은 믿을 수 없는 재물이다.

왜 하나님께 소망을 두어야 하는가? 이것은 다음 세대 곧 하나님 나라인 '좋은 터'에서 누릴 수 있도록 좋은 기초를 이 시대에서 쌓아가라는 것이다. 이것은 궁핍한 사람들에게 아낌없이 물질을 나누어 주고, 그들에게 재물을 기꺼이 분배해 주는 것을 말한다. 이 땅에서 물질적인 풍부함과 하나님의 뜻에 따라 선한 일에 풍성하게 하는 것이다. 특히 큰 교회들이 체면 유지를 위한 복지보다는 통 큰 복지를 통하여 세상의 빛과 소금의 역할을 감당함으로써 결국 복음에 대한 전도의 길을 여는 데 기여했어야만 했다.

세상적인 사업은 하나님의 뜻이 아니다

큰 교회들에게 주어지는 물질적인 부는 하나님의 축복이라고 할 수도 있다. 그러나 분명한 것은 그 재물을 어떻게 쓰느냐가 중요하지, 재물 자체가 축복은 아니다. 수십만의 성도들이 운집하지만 육신적으로 어렵고, 고단한 이들이 너무 많다. 그리고 "여호와의 말씀을 듣지 못하는 기갈"(암 8:11) 속에 있는 방황하는 영혼들이 많이 있다. 이런 이들을 위하여 선한 사업에 물질을 과감하게 써야 할 것이다.

우리가 물질적인 것을 갖고 선을 행한다면 우리는 참된 생명을 위하여 다음 세대 곧 하나님 나라의 영원한 생명을 위하여 보화를 쌓는 것이다. 이렇게 하기 위하여 우리의 타고난 옛 사람의 생명에 의지할 것이 아니라 새 사람의 참된 생명인 하나님의 영원한 생명을 붙잡는 생활이 되어야 할 것이다.

우리는 세월호 참사를 통하여 교회가 세상적인 사업을 하는 것은 분명하게 하나님의 뜻이 아니다. 오직 선한 사업이어야 한다. 한 사람의 탐심을 위하여 하는 사업은 하나님의 진노의 대상이 되어 버렸다. 이것이 세월호 참사의 본질이다.

따라서 우리는 하나님의 선하시고 기뻐하시고 온전하신 뜻이 무엇인지 분별해야 한다. 하나님의 뜻은 몸의 생활, 곧 교회 생활을 하는 것이다. 이것이 로마서의 최종 결론이요 기본 사상이다.

흔히 우리는 하나님의 뜻이라면서 지나치게 개인적인 문제에 한정하는 경우가 많다. 우리 집 아이가 좋은 학교에 들어가고 출세하여 남부럽지 않은 사람이 되었다, 아름답고 현숙한 여인을 아내로 맞이했다, 그리고 좋은 곳에 새 집을 마련했다, 심지어 하나님이 계시를 했다고 하면서 오늘 누구와 만나게 해서 좋은 일이 생겼다고도 한다.

물론 정상적인 그리스도인의 삶을 살아갈 때에 모든 것이 하나님의 주권 속에 있다. 하지만 이러한 기도는 자신을 더욱더 세상으로 향하는 탐심의 종노릇을 하게 만들 것이다. 나에게 일어나는 모든 것이 교회 생활과 연결되지 않는다면 그것은 하나님과 무관할 수 있다. 그 이유는 내가 신부의 반열에 참여하는 교회 생활을 하는 것이 하나님의 유일한 뜻이기 때문이다. 이것을 아는 것이 바로 정상적인 그리스도인이다. 그래서 교회 생활을 못하도록 교회를 혼란케 하고, 성도들의 영혼을 방황케 하는 행위가 하나님 앞에 얼마나 큰 죄악인지 모른다. 그들은 하나님 나라에 가서 그 해로움을 받을 것이다.

03

믿음의 분량(은사)대로 지혜롭게 생각하라

_ 로마서 12:3

"내게 주신 은혜로 말미암아 너희 각 사람에게 말하노니 마땅히 생각할 그 이상의 생각을 품지 말고 오직 하나님께서 각 사람에게 나누어 주신 **믿음의 분량대로 지혜롭게 생각하라** 우리가 한 몸에 많은 지체를 가졌으나 모든 지체가 같은 기능을 가진 것이 아니니 이와 같이 우리 많은 사람이 그리스도 안에서 한 몸이 되어 서로 지체가 되었느니라" (롬 12:3-5).

사람에 대하여 한 번 더 생각하자. 사도 바울은 사람이 영과 혼과 몸이 있기 때문에 주님이 재림하실 때 모두 온전하게 보존되기를 간구하고 있다(살전 5:23). 이에 따라 사람에게는 세 인격이 있다. 영 안에는 하나님의 인격 곧 영적인 인격이 있다. 혼 안에는 사람의 인격 곧 정신적인 인격이 있다. 이것은 우리의 존재요, 우리의 자신으로서 생각이 그것을 대표한다.

몸에는 사탄의 인격 곧 육신적(물질적)인 인격이 있다. 사탄은 우리의 몸인 육신 안에 죄의 법으로 있다. 우리가 온전하다는 것은 사람의 인격이 하나님의 인격으로 채워짐으로써 그리스도의 생명으로 우리의 몸에 충만해지는 것이다. 이것은 예수 그리스도의 십자가를 통해서 옛 사람이 새 사람으로 변화된 위치적인 변화는 물론 새 사람으로서 생명의 변화 곧 성장을 말하는 주관적인 변화까지를 말한다.

로마서 12장 1절에서 몸의 변화를, 2절에서 생각 곧 혼의 변화를 그리고 3절부터는 성령 안에서 믿음의 분량에 의한 영의 변화(11절)까지를 말함으로써 많은 그리스도인들이 그리스도 안에서 한 몸에 속한 지체로서 활동할 것을 말하고 있다.

이제 우리 각 사람에게 나누어 주신 믿음의 분량, 곧 은사에 대한 문제를 생각해 보자. 이러한 믿음의 분량을 우리가 어떻게 살아내느냐가 바로 그리스도인의 정상적인 생활이다.

생명 안의 은사

우리는 우선 믿음의 분량을 알아야 한다.

"우리에게 주신 은혜대로 받은 은사가 각각 다르니 혹 예언이면 믿음의 분수대로, 혹 섬기는 일이면 섬기는 일로, 혹 가르치는 자면 가르치는 일로, 혹 위로하는 자면 위로하는 일로, 구제하는 자는 성실함으로,

다스리는 자는 부지런함으로, 긍휼을 베푸는 자는 즐거움으로 할 것이니라"(롬 12:6-8).

우리의 은사는 예언, 섬김, 가르침, 권위, 구제, 다스림, 긍휼 등 일곱 가지다. 이 은사들은 교회 생활을 위하여 제시한 내용으로서 생명 안에 있는 은사들이다. 그리스도인은 생명이신 하나님을 누리고 생명 안에서 자랄 때 생명의 성장에 부합하는 기능과 능력을 가지게 된다. 우리에게 생명의 은사가 필요한 것은 매일매일 그리고 매달, 매년 자라야 하기 때문이다.

구원받고 나서 성장이 없는 생활은 죽은 생활이다. 한 알의 밀이 땅에 떨어져 자라야 열매를 맺고, 충분한 햇빛을 받을 때에 영글어 창고에 쌓이게 된다. 그리스도인은 이러한 생명 안의 은사로 말미암아 교회 안에서 충분히 발휘함으로써 정상적인 교회 생활을 할 수 있다. 따라서 로마서에서는 고린도전서 12장에서 언급하는 방언이나 통역이나 병 고침과 같은 기적적인 은사에 대해서는 언급이 없었다는 점을 우리는 깊이 새겨봐야 할 것이다.

로마서가 고린도전서를 기록한 직후에 쓰여졌다는 것을 상기할 필요가 있다. 사도 바울이 세 번째 전도여행 중에 에베소에 머물러 있을 때에 고린도교회의 혼란과 분열을 들었다. 특히 방언과 병 고치는 등의 기적적인 은사의 남용으로 인하여 고린도교회를 치유하고자 고린도전서를 썼다. 이때를 주후 56년에서 59년 사이로 보고 있으며, 로마서는 약 1년 후인 주후 60년에 고린도에서 쓰였다는 점을 고려한다면 기적적인 은사의 폐해를 이해할 수 있을 것이다.

기적적인 은사의 대표적 사례는 당나귀가 말을 한 것이다(민 22:21-30). 당나귀는 사람의 말을 하기 위해 생명 안에서 자랄 필요가 없다. 그냥 하나님이 입을 여시므로 말을 했다. 초대 교회를 비롯하여 교회사 속에는 하나님이 필요해서 기적적인 은사가 필요할 때가 있었다. 하지만 기적적인 은사는 반드시 그 은사를 받았다 하는 자들의 교만과 자만으로 인하여 교회의 혼란과 분열을 가져왔다. 그래서 바울은 로마서에서는 기적적인 은사에 대하여 한 마디로 하지 않았다는 것을 통해 우리는 생명 안의 은사의 귀중함을 확인한다.

특별한 은사

생명 안의 은사 중에는 그리스도의 비밀인 교회를 말하고 있는 에베소서에 잘 나타나 있다. 특히 말씀을 전하는 사역자들의 특별한 은사를 말하고 있다.

"우리 각 사람에게 그리스도의 선물(은사)의 분량대로 은혜를 주셨나니……그가 어떤 사람은 사도로, 어떤 사람은 선지자로, 어떤 사람은 복음 전하는 자로, 어떤 사람은 목사와 교사로 삼으셨으니 이는 성도를 온전하게 하여 봉사의 일을 하게 하며 그리스도의 몸을 세우려 하심이라"(엡 4:7-12).

그리스도의 몸 안에서 각 사람의 은사들이 어떻게 기능을 발휘하고 그리스도의 몸의 성장과 교회를 세울 것인가에 대하여 말하고 있다. 그리스도의 은사들은 많고 다양하다. 그리고 그 은사는 각 사람의 성장 여부에 따라 다르다.

처음의 각 사람(7절)은 로마서 12장의 모든 지체들을 포함하는 일반적인 은사인 데 비하여, 11절의 사도, 선지자, 복음 전하는 자, 목사와 교사 등 네 가지의 은사는 특별한 은사를 받은 사람들이다. 참고로 목사의 원뜻은 목자이며, 목자와 교사는 가르치는 역할 곧 목양을 하기 때문에 한 부류의 은사로 본다.

여기에서 교회 생활에 있어서 특별한 은사를 받았다 하는 사역자들에 대하여 생각을 해보자. 그들 대다수가 교회의 지도자들이라고 한다.

> "지도자라 칭함을 받지 말라 너희의 지도자는 한 분이시니 곧 그리스도시니라 너희 중에 큰 자는 너희를 섬기는 자가 되어야 하리라 누구든지 자기를 높이는 자는 낮아지고 누구든지 자기를 낮추는 자는 높아지리라"(마 23:10-12).

그리스도만이 우리의 유일한 지도자이시고, 선생이시다. 만약 사역자들이 자기를 스스로 지도자로서 높이는 자가 될 때에 예수님이 서기관들과 바리새인들을 소경의 인도자라고 꾸짖듯이 여덟 가지 화가 이른다고 경고하고 있다(마 23:18-29).

그러나 오늘날은 너무나 많은 지도자와 선생들이 있다. 심지어 자칭 예수인 체하는 자들도 있다. 스스로 자신이 지혜자요, 보혜사요, 다윗의 위를 이은 자라고 주장하는 이단들은 차치하더라도 몇천, 몇십만의 성도가 있다고 자신이 하나님의 대리자인 것처럼 활동하면서 이를 즐기고 있는 소경 된 지도자들이 너무 많다. 그러나 특별한 은사를 받은 자들에게 주어진 엄중한 세 가지 임무가 있다.

성도를 온전케 하는 일

첫째, 성도들을 온전케 하는 것이다. 오늘날 많은 사역자들이 성도를 온전케 하기보다는 종교적인 바벨탑을 쌓는 일에 전념하고 있다. 큰 교회는 세계 최고의 성전을 짓고, 주민과 함께하는 교회라는 표어를 붙이고, 문화 선교라는 이름하에 세상의 향락 문화를 받아들여 부흥하고 있다. 이는 교회가 술집으로 변하는 서구의 길에 들어서고 있는 것이다.

작은 교회는 어쩌다가 신도 한 사람이 생기면 교인 만들기에 여념이 없다. 모두가 믿음으로 성장하는 그리스도인이 아니라 행위로써 의롭게 되는 종교인을 만들고 있다. 이런 곳에서 사람들을 혹하게 하는 방언과 병 고침을 중시하지만 생명의 성장을 이끌어

내는 정상적인 그리스도인을 만들지 못하고 있다.

사역자의 가장 큰 임무는 성도를 온전케 하는 것이다. 사업에 전 교인을 동원하는 사람이나 그 많은 교회 행사에 전 교인을 동원하는 모습은 같은 것이다.

"양식이 없어 주림이 아니며 물이 없어 갈함이 아니요 여호와의 말씀을 듣지 못한 기갈이라"(암 8:11).

그리스도인들이 말씀을 듣지 못함으로써 어둠과 불안과 메마른 상태를 호소하는 기갈 속에 있다면 이것은 누구의 책임인가. 바로 사역자들의 책임이다.

봉사의 일

둘째, 봉사의 일이다. 이것은 그리스도의 몸을 세우는 사역이다. 이 일은 성도들이 온전케 됨으로써 함께하는 봉사의 일이다. 이것이 "오직 하나님께서 각 사람에게 나누어 주신 믿음의 분량대로 지혜롭게 생각하라"(롬 12:3)는 것이다. 생명 안에 있는 은혜의 은사인 예언, 봉사, 가르침, 권위, 구제, 다스림, 긍휼을 베푸는 것이다.

하나님의 은혜는 우리의 생명이 되기 위해서 우리 안에 들어온 거룩한 그리스도의 요소다. 그것은 우리 밖에 있는 것이 아니라 우리 내적인 존재로 역사하면서 우리에게 어떤 기능이나 능력을 주는 거룩한 생명의 요소다. 바로 이 그리스도의 생명에 의하여 "형제가 연합하여 동거함이 어찌 그리 선하고 아름다운고"(시 133:1)라는 찬송이 함께할 때에 봉사의 일이 되는 것이다.

뿐만 아니라 교회 안에는 보살펴야 하는 성도들이 많이 있다. 이들을 외면하면서 성도들로 하여금 사업을 강요하거나, 거창한 행사를 강요해서는 안 된다.

교회를 세우는 일

셋째, 교회를 세우는 일이다. 하나님의 최종 목표는 그리스도를 위한 한 몸을 이루도록 죄인을 하나님의 아들이 되게 하여 그리스도를 표현하는 것이다. 그래서 로마서 마지막 부분인 12장부터 16장까지는 몸, 즉 교회 생활을 다루고 있다. 8장에 있는 많은 형제들이 12장에서 몸의 지체들이 되는 것을 우리는 볼 수 있어야 한다.

그러면 이 몸은 어디서 표현되는가? 교회 생활에서 표현된다. 따라서 많은 사역자들이 교회 생활을 바르게 이끌지 못한다면 이것이 가장 큰 죄악일 것이다. 교회 생활의 문제를 두고 우리만이 교회라고 주장하는 자들이 있다. 그러나 성경이 있는 곳에는 어디에나 교회가 있다.

나는 포도나무요 너희는 가지라고 할 때에 한 줄기에서 여러 가지가 뻗어날 때에 그곳 마디마디에서 포도송이가 열리게 됨을 본다. 문제는 내가 속한 포도송이가 제대로 된 포도송이인지가 문제다. 이것을 잘 분별하는 지혜도 정상적인 그리스도인이 되는 조건이다.

"나는 포도나무요 너희는 가지라 그가 내 안에, 내가 그 안에 거하면 사람이 열매를 많이 맺나니 나를 떠나서는 너희가 아무 것도 할 수 없음이라"(요 15:5).

이것이 주님과 나와의 관계인 교회 생활이다.

처음으로 돌아가자. 우리는 자신을 높게 생각하지 말고 믿음의 분량에 따라 지혜를 갖고 진지하게 생각해야 한다. 그리고 한 몸에는 각각 다른 기능을 가진 많은 지체들이 있음을 반드시 알아야 한다.

특정인 한 사람이 독주하는 조직은 교회가 아니다. 사람의 얼굴에 있는 눈, 코, 귀, 입은 모두 제각각의 기능이 있다. 가장 평범한 이 이치를 잘 안다고 하면서 교회의 사역자라는 사람들이 제왕적인 독주를 함으로써 교회가 괴물 조직이 되는 경우가 많다. 특히 우리 몸의 각 지체들이 다른 기능을 가지고 있는 것 자체가 교회 생활 안에 있어야 하는 이유다. 한 몸이 되어 서로 연결된 지체로서 단체적인 내가 되어야 한다.

04

부지런하여 영 안에서
열심을 품고 주를 섬기라
_ 로마서 12:11

"사랑에는 거짓이 없나니 악을 미워하고 선에 속하라 형제를 사랑하여 서로 우애하고 존경하기를 서로 먼저 하며 **부지런하여 게으르지 말고 (영 안에서) 열심을 품고 주를 섬기라** 소망 중에 즐거워하며 환난 중에 참으며 기도에 항상 힘쓰며 성도들의 쓸 것을 공급하며 손 대접하기를 힘쓰라"(롬 12:9-13).

하나님은 사랑이시다

우리는 지금까지 그리스도인의 정상적인 생활을 위하여 먼저 우리의 몸을 산 제물로 드리는 것과 생각을 새롭게 하는 것, 그리고 우리의 은사를 지혜롭게 사용하는 것을 살펴보았다. 이제는 12장의 나머지 부분인 정상적인 생활의 구체적인 부분을 살펴보자.

먼저 하나님의 사랑은 거짓이 없다. 다시 말하면 위선이 없는 사랑이다. 그러면 하나님은 어떤 분인가? 하나님은 사랑이시다.

> "사랑하지 아니하는 자는 하나님을 알지 못하나니 이는 하나님은 사랑이심이라"(요일 4:8).

여기서 사도 요한은 사랑은 하나님에게서 나온 것임을 분명하게 말하고 있다. 이것은 우리가 다른 사람을 사랑할 때 우리의 사랑이 자신에게서 나온 것이 아니라 하나님에게서 나온 사랑이어야 한다.

그러면 우리는 어떻게 하나님의 사랑을 아는가? 바로 우리의 거듭남을 통해서 알 수 있다(요 3:3). 거듭남은 신성한 출생이요, 이는 하나님의 사랑인 영원한 생명을 받게 된다. 이것은 형제를 사랑할 수 있는 그리스도인의 생활의 기초가 된다.

사도 요한은 또 한 번 "하나님은 사랑이시다"(요일 4:16)라고 반복하여 말한다. 요한의 서신은 먼저 '하나님은 빛'(요일 1:5)이라고 말한 다음에 하나님은 사랑이라고 말한다. 하나님의 본성인 사랑은 은혜의 근원이고, 하나님의 표현인 빛은 진리의 근원이다. 그래서 요한복음에서는 아들의 나타남을 통해 은혜와 진리가 충만하다고 했다.

> "말씀이 육신이 되어 우리 가운데 거하시매 우리가 그의 영광을 보니 아버지의 독생자의 영광이요 은혜와 진리가 충만하더라"(요 1:14).

하나님은 근본에서 볼 때에 인격적인 면에서는 영이요, 본성에서는 사랑이요, 표현에서는 빛이다. 사랑과 빛은 생명이신 하나님과 관계되며, 그 생명은 영에 속한 것이다. 이 모두를 포함한 분이 말씀이 육신이 되어 오신 예수 그리스도다.

> "하나님의 사랑이 우리에게 이렇게 나타난 바 되었으니 하나님이 자기의 독생자를 세상에 보내심은 그로 말미암아 우리를 살리려(생명) 하심이라"(요일 4:9).

따라서 하나님이 사랑이시라는 것은 하나님께서 아들을 보내시어 우리의 구주와 생명이 되게 하신 일에서 나타난다. 그러면 구체적인 사랑의 실천, 곧 그리스도인의 생활은 어떻게 하는 것인지에 대하여 몇 가지로 나누어 보자.

사랑의 실천

첫째, 하나님의 사랑은 거짓이 없기 때문에 사람들을 진정으로 사랑해야 한다. 형제를 사랑하여 서로 우애하고 존경하기를 서로 먼저 해야 한다(롬 12:10). 그 다음 성도들의 쓸 것을 공급하며 손 대접하기를 힘써야 한다(롬 12:13). 특히 성도들의 쓸 것을 공급한다는 명분을 앞세워 교회를 이용하는 지나친 기업화는 화를 부른다. 기업이란 어차피 세상의 권세 잡은 사탄의 가장 유용한 수단이기 때문에 최소한의 규모에서 합력하여 선을 이루어 가는 장으로서 충분하다. 이것은 선한 사업이지 돈을 위한 세상의 악한 사업이 아니다.

그리고 즐거워하는 자들과 함께 즐거워하고 우는 자들과 함께 울어야 한다(롬 12:15). 교회 생활에는 애정이 있는 사람이 필요하다. 형제가 즐겁고 어려움을 당할 때에 함께하는 모습이 있어야 한다. 우리는 하나님의 자녀로서 주변을 돌아보아야 한다. 형제들의 구체적인 삶을 돌아보면서 함께하는 것이다. 그리스도인은 애정이 충만한 산 돌이 되어야 한다.

뿐만 아니라 서로 마음을 같이 하며 높은 데 마음을 두지 말고 도리어 낮은 데 처하며 스스로 지혜 있는 체 말아야 한다(롬 12:16). 특히 말씀을 전하는 사역자는 자신이 지혜자인 척하면 그 안에 사랑이 식어간다. 우리는 무엇에든지 낮은 데 처해야 한다. 그리스도인은 세상적인 명예보다는 낮은 데서 형제들과 함께해야 한다.

영 안에서 게으르지 말라

둘째, 하나님을 향하여 게으르지 말고 (영 안에서) 열심을 품고 섬겨야 한다(롬 12:11). 우리말 성경에는 가장 중요한 '영 안에서'라는 말이 빠져 있다. 영어 성경(NKJV)에는 분명하게 영 안에서(in spirit)라고 되어 있다. 이것은 산 제물인 몸(롬 12:1)과 생각인 혼(롬 12:2)의 변화, 열심을 품은 영(롬 12:11)은 합당한 교회 생활을 하는 데 필수적이다. 왜냐하면 생각이 변화된 후에도 우리는 소극적이거나 잠자는 상태에 빠지기 쉽다. 그때에 우리는 열심을 품고 교회 생활에 적극적인 방식을 유지함으로써 온전한 몸으로서 주를 섬기게 된다.

그러므로 그리스도인의 생활은 나태하여 게으르지 말아야 한다. 나태한 사람은 교회 생활을 할 수 없다. 세상 사람은 적당히 나태해도 살아갈 수 있다. 그러나 그리스도인은 부지런해야 한다. 다른 사람보다 일찍 일어나 기도하며, 말씀을 묵상하는 시간을 가져야 한다. 말씀을 묵상한다고 할 때에 한두 시간 갖고 되는가? 성경을 평생 자기 옆에 두고 읽어야 한다. 그것뿐이 아니다. 여러 모임과 행사는 물론 선교나 전도하는 일에도 함께 해야 한다.

우리의 육신의 몸도 잘 돌보지 않으면 이상이 생기듯이 그리스도의 몸을 잘 돌보기 위해서는 게으르지 말아야 한다. 특히 몸의 생활을 위해서는 우리의 몸을 산 제물로 드리는 것과 생각을 새롭게 하여 변화를 받는 혼과 영의 변화가 필요하다.

몸은 교회에 오지만, 정작 생각은 낡은 관념과 전통 등 세상의 염려로 가득 차 있다. 심지어 교회에서 열심히 기도하고 말씀을 듣는 것같이 하다가, 교회 문을 나서면서 '주님 일주일 동안 여기 계십시오, 다음 주에 와서 뵙겠습니다' 하면서 떠나는 그리스도인들이 실제로 많다. 물론 이런 자들은 그리스도의 생명을 분명하게 영접하지 않은 이방 종교나 무종교에서 기독교로 전향한 기독교 교인에 불과하겠지만, 그리스도인 중에도 이런 이들이 많은 것이 현실이다.

이들이 바로 게으른 자들이다. 그리스도인은 사도 바울처럼 예수 그리스도의 종(롬 1:1)이다. 이제는 세상의 권세였던 사탄의 종이 아니다. 교회 생활에서 우리는 그리스도의 종, 곧 노예로서 섬겨야 한다. 종은 의사결정권이 없다. 주인의 말씀에 따라 생활을 해야 한다. 우리는 자기 나름대로의 어떤 일을 할 자유가 없다. 그러므로 우리는 하나님을 향하여 게으르지 말고, 종처럼 부지런하게, 순종하며 주를 섬겨야 한다.

기도에 힘쓰라

셋째, 자신을 향해서는 소망 중에 즐거워하며 환난 중에 참으며 기도에 항상 힘써야 한다(롬 12:12). 우리는 소망을 갖고, 환난 중에 기뻐하며(롬 5:3), 쉬지 말고 기도하고, 하나님의 거룩한 백성으로서 악한 것을 거부하고 정복하여 선한 것을 추구해야 한다.

> "항상 기뻐하라 쉬지 말고 기도하라 범사에 감사하라 이것이 그리스도 예수 안에서 너희를 향하신 하나님의 뜻이니라 성령을 소멸하지 말며 예언을 멸시하지 말고 범사에 헤아려 좋은 것을 취하고 악은 어떤 모양이라도 버리라"(살전 5:16-22).

우리는 하나님도 없고, 그리스도도 없고, 소망도 없는 사람이 아니다(엡 2:12). 우리는 영광의 부활에 대한 소망이 있기에 즐거워해야 한다. 소망을 즐거워하기 때문에 여러 고난을 참고, 악의 모든 모양이라도 버려야 한다. 뿐만 아니라 쉬지 말고 기도해야 한다.

어떻게 쉬지 말고 기도하는가? 이것은 우리의 영 안에서 하나님과 끊임없이 교통하는 것이다. 이렇게 하려면 성령 안에서 우리는 부지런해야 한다. 하나님의 백성으로서 구별된 우리 그리스도인은 도덕적이고 윤리적인 사람의 행동보다도 높은 수준의 행동을 해야 한다.

대적자를 축복하고 평화해야 한다

넷째, 핍박하는 자와 대적자들에 대하여는 축복하고 저주하지 말아야 한다(롬 12:14). 사람들이 우리에게 아무리 악을 범할지라도 그들을 저주하지 말아야 한다. 왜냐하면 우리가 주님과 대적, 곧 사탄의 종으로 있을 때에 주님은 우리에 대하여 참고 저주하지 않으시며 오히려 축복하셨기 때문이다. 얼마나 귀한 말씀인가!

주님은 오래 참으셨다. 생각해 보라. 주님은 나를 위해 2000년을 참으셨다. 이것이 주님을 따라가는 생활이다. 그래서 악을 악으로 갚지 말아야 한다(롬 12:17). 율법 아래 있을 때는 눈은 눈으로, 이는 이로 갚았다. 하지만 오늘날 우리는 율법 아래 있지 않고 은혜 아래 있다. 주님이 우리에게 행하신 것처럼 악을 선으로 갚아야 한다. 그뿐 아니라 "너희가 친히 원수를 갚지 말고 진노하심에 맡기라"고 하였다. 왜냐하면 원수 갚는 것은 하나님께 있기 때문이다(롬 12:19).

그런데 많은 그리스도인들이 핍박자나 대적자에 대하여 스스로 원수를 갚겠다고 나서는 것이 오늘의 현실이다. 오죽했으면 "한국의 법조인들이 교회가 없으면 굶어 죽는다"는 말이 나오겠는가. 이것은 분명 그리스도인의 방법이 아니다. 우리는 모든 상황을 주님의 다스리는 손 안에 맡기고 그분의 주권에 따라 그분이 원하시는 대로 행할 수 있도록 내어드려야 한다.

우리는 주님의 절대적인 방법에 의지해야 한다.

"네 원수가 주리거든 먹이고 목마르거든 마시게 하라 그리함으로 네가 숯불을 그 머리에 쌓아 놓으리라"(롬 12:20).

이것이 주님의 방법이다. 이것은 실제적으로 우리가 대적을 사랑하는 것이다. 이런 때에 주님은 사탄의 종인 우리를 어떻게 다루어 왔는지를 생각하면 그 답이 나온다. "주님, 감사합니다." 이것이 답이다. 여기에 숯불은 주님의 열렬한 사랑이다. 그러므로 사도 바울은 악에게 지지 말고 선으로 악을 이기라고 말한다(롬 12:21).

모든 사람과 평화해야 한다

다섯째, 그리스도인은 모든 사람과 더불어 평화해야 한다. 그리스도인의 정상적인 생활의 마지막은 "'할 수 있거든' 너희로서는 모든 사람과 더불어 화목하라"(롬 12:18)이다. '할 수 있거든'이란 말은 이 일을 행하는 주체가 주님이 아니라 우리에게 있다는 의미다. 우리가 모든 사람과 평화 곧 화평하는 일이다. 모든 사람과 화평한다는 것은 쉽지 않다. 왜냐하면 상대편에서 화평하게 지내려고 하지 않기 때문이다. 그러한 상황에서는 화평할 수가 없다. 그러기 때문에 사도 바울은 '할 수 있거든'이라는 조건을 제시하면서 모든 사람과 화평하게 살아야 한다고 말한다.

그러한 이유로 우리는 모든 사람 앞에서 선한 일에 대하여 미리 생각해야 한다(롬 12:17). 우리는 하나님 앞에서뿐만 아니라 사람들 앞에서 살기 때문에 사람들의 눈에 선한 일에 대하여는 미리 생각할 필요가 있다. 그것이 주님의 길에서 벗어나지 않기 위해서는 맹목적으로 세상의 선이라고 해서 따를 수는 없다. 왜냐하면 사람이 보기에 선한 것도 생명의 길이 아닐 수 있기 때문이다.

에덴동산의 선악과는 영어 성경을 보면 '선과 악을 아는 지식의 나무'(NKJV 창 2:17)임을 분명하게 표현하고 있다. 사람들이 보기에 선하다는 것이 하나님 보시기에 악이 된다는 것이다. 심지어 사람의 지식까지도 악임을 아는가?

> "이는 우리가 주 앞에서뿐 아니라 사람 앞에서도 선한 일에 조심하려 함이라"(고후 8:21).

05

위에 있는 권세에게 굴복하라
_ 로마서 13:1

"각 사람은 위에 있는 권세들에게 복종하라 권세는 하나님으로부터 나지 않음이 없나니 모든 권세는 다 하나님께서 정하신 바라 그러므로 권세를 거스르는 자는 하나님의 명을 거스름이니 거스르는 자들은 심판을 자취하리라 다스리는 자들은 선한 일에 대하여 두려움이 되지 않고 악한 일에 대하여 되나니 네가 권세를 두려워하지 아니하려느냐 선을 행하라 그리하면 그에게 칭찬을 받으리라 그는 하나님의 사역자가 되어 네게 선을 베푸는 자니라 그러나 네가 악을 행하거든 두려워하라 그가 공연히 칼을 가지지 아니하였으니 곧 하나님의 사역자가 되어 악을 행하는 자에게 진노하심을 따라 보응하는 자니라 그러므로 복종하지 아니할 수 없으니 진노 때문에 할 것이 아니라 양심을 따라 할 것이라 너희가 조세를 바치는 것도 이로 말미암음이라 그들이 하나님의 일꾼이 되어 바로 이 일에 항상 힘쓰느니라 모든 자에게 줄 것을 주되 조세를 받을 자에게 조세를 바치고 관세를 받을 자에게 관세를 바치고 두려워할 자를 두려워하며 존경할 자를 존경하라"(롬 13:1-7).

최근 세월호 참사 관련 구원파가 금수원에서 정부와 정면으로 맞서고 있는 것을 보았다. 그리고 세월호 특별법을 빌미로 유가족을 지원한다는 명분을 앞세워 대정부 투쟁에 나서는 종교인들을 보았다. 특히 광주 지역의 불교·원불교·천도교·천주교·개신교 5대 종단 60여 명은 지난 5월 8일 세월호 참사의 책임을 물어 '박근혜 대통령 퇴진'을 촉구했다.

종교인들이 본연의 일과는 무관하게 정치에까지 나서는 것도 모자라, 이번에는 세월호 참사를 빌미로 최고 통치자에 대한 퇴진투쟁까지 벌이는 것은 누가 봐도 종교인의 모습이 아니다. 그동안 많은 종교지도자들이 권세와 맞서 왔으며, 지금도 국가의 안위보다는 자신들의 종교적 신념에 매몰되면서 제주해군기지 반대, 송전탑 설치 반대, 세월호 진상규명 촛불집회 등을 계속하고 있다. 모든 것이 특정 정권의 잘못이라며 일반 성도들을 이용하는 것이다.

종교지도자라는 사람들이 자신들의 이해관계에 불리하면 정부 탓으로 돌리는 그것이 문제이다. 특히 구원파에서는 오대양 망령을 규탄한다고 정부의 특정인을 거론하더니, 이제는 세월호 참사까지 더하면서 모두 정부의 탓으로 돌리고 있는데 이것은 잘못된 생각이다.

죄가 있어 매를 맞으면 칭찬이 없다

성경을 사랑하는 그리스도인은 이러한 모습을 어떻게 봐야 하는가? 성경은 분명하게 말하고 있다.

> "사환들아 범사에 두려워함으로 주인들에게 순종하되 선하고 관용하는 자들에게만 아니라 또한 까다로운 자들에게도 그리하라 부당하게 고난을 받아도 하나님을 생각함으로 슬픔을 참으면 이는 아름다우나 죄가 있어 매를 맞고 참으면 무슨 칭찬이 있으리요 그러나 선을 행함으로 고난을 받고 참으면 이는 하나님 앞에 아름다우니라"(벧전 2:18-20).

이 말씀은 사도 베드로가 그리스도인의 생활과 그 고난에 대하여 말하면서 모든 사람을 향하여 모든 면에서 뛰어난 품행을 강조하는 가운데 종 된 자가 주인에게 행하는 모습으로 말하고 있다.

뿐만 아니라 베드로는 자신도 "예수 그리스도의 종"(벧후 1:1)임을 밝히면서 사도 바울이 "그리스도의 종"(롬 1:1)으로서 하나님의 복음을 전하는 선한 일로 인하여 고난을 받았던 것과 같이, 예수 그리스도의 종 된 그리스도인들과 주인이신 주님과의 관계를 말하고 있다.

따라서 죄가 있어 매를 맞는 일과 행위는 분명하게 하나님 앞에서 칭찬을 받을 수 없는 것임을 본다. 우리가 칭찬을 받기 위해서는 이 땅에 사는 동안 정상적인 그리스도인의 삶을 살아가야 한다. 그중에서 그리스도인과 그들의 육신이 속해 있는 세상 권세와의 관계는 어떠해야 하는지를 말하고 있다.

사도 바울은 로마서 13장의 말씀과 같이 정상적인 그리스도인은 '위에 있는 권세'에 굴복하라고 말하고 있다. 이 말씀의 배경은 로마서의 중심 주제인 "하나님의 복음"(롬 1:1)에서 비롯된다. 우리는 그 복음 안에서 구원을 받고, 의인으로서 생명의 성장을 통해, 그리스도의 몸인 교회를 완성해 간다. 따라서 우리의 몸은 변화되어야 한다. 바로 이 변화의 과정이 그리스도인의 정상적인 생활이다.

다시 말해 합당한 그리스도인의 생활과 교회 생활에서는 이 변화된 삶이 필요하다. 로마서의 12장과 13장은 이를 분명하게 제시하고 있다. 먼저 우리의 몸을 산 제사로 드리고(롬 12:1-21), 우리의 생각을 새롭게 하고(롬 12:2-3), 우리의 은사를 사용하여 정상적인 생활을 하는 데 있다(롬 12:4-21).

더불어 권세자들에게 자신을 복종시킴으로써(롬 13:1-7), 사랑을 실천하고(롬 13:8-10), 주님이 오실 날이 가까웠으니 빛의 갑옷을 입고 정욕을 위하여 육신의 일을 도모하지 말고(롬 13:11-14), 믿음이 약한 자를 돌보라고 말한다.

우리는 교회가 이 시대의 하나님의 나라인 것을 믿는다(마 16:18-19; 고전 6:10; 갈 5:21; 엡 5:5).

"하나님의 나라는 먹는 것과 마시는 것이 아니요 오직 성령 안에 있는 의와 평강과 희락이라"(롬 14:17).

다시 말해 하나님 나라는 우리 자신에 대해서는 의요, 다른 사람에 대해서는 평강이요, 우리 영 안에서는 하나님과 함께하는 희락이다. 따라서 권세에 대한 굴복은 이 땅의 하나님 나라인 교회 생활의 필수 조건이다. 여기에는 예외가 없다. 이에 대하여 좀더 살펴보자.

하나님이 정하신 권세에 굴복해야 한다

첫째, 모든 권세는 하나님이 정하셨다. 하나님은 우주만물의 주권자다. 우주만물인 피조물은 하나님의 주권에 굴복해야 한다. 왜냐하면 "하나님은 무질서의 하나님이 아니시요 오직 화평의 하나님이시니라"(고전 14:33)고 했기 때문이다.

그러나 사람은 처음부터 불순종함으로써 이 세상을 어지럽게 만들었다. 하나님은 사람에게 권위를 주어, 하나님의 대표 권위자로서 사람을 다스리는 일을 하게 하셨다(창 9:6). 특히 질서의 하나님은 인간 사회의 평화와 안전을 유지하기 위하여 사람들 위에 권위자를 세우셨다.

이렇게 하신 근원적인 이유는 이 땅에 하나님의 나라를 확장시키기 위해 인간 사회가 무질서하고 혼돈하면 복음을 전파하고 죄인들을 구원하여 교회를 완성해 갈 수가 없기 때문이다. 그래서 질서가 있고 화평한 세상이 되도록 권위자들에게 복종하도록 정하셨다. 우리가 세상 권위에 복종하는 것은 하나님의 권위를 인정하는 것이고, 그분께서 사람을 다스린다는 것은 존중하는 것이다.

여기서 사도 바울은 예수님 당시의 가이사나 이스라엘 백성의 출애굽 당시의 바로 왕도 필요에 의해 세우셨다는 것을 말하는 것이다.

> "성경이 바로에게 이르시되 내가 이 일을 위하여 너를 세웠으니 곧 너로 말미암아 내 능력을 보이고 내 이름이 온 땅에 전파되게 하려 함이라 하셨으니 그런즉 하나님께서 하고자 하시는 자를 긍휼히 여기시고 하고자 하시는 자를 완악하게 하시느니라"(롬 9:17-18).

악인도 악한 날에 적당하게 하셨다(잠 16:4).

하나님의 명령을 어김

둘째, 권세를 거스르는 자들은 하나님의 명령을 어김으로써 심판을 자취한다. 그리스도인들은 누구나 '하나님의 심판대'(롬 14:10) 앞에서 이 땅에서 사는 동안 자신이 행한 생활과 일을 직고하는 심판을 받게 될 것이다. 여기에서 '하나님의 심판'은 바로 '그리스도의 심판'(고후 5:10)이다. 이는 그리스도인이 아닌 자들이 심판을 받는 흰 보좌 심판(계 20:11-15)과는 다르다.

그리스도의 심판은 그리스도의 재림 직후, 천년왕국 전에 있을 것이다(고전 4:5; 마 16:27; 눅 19:15). 이 심판은 구원받고 이 땅에서 정상적인 그리스도인으로서 살았느냐 못 살았느냐의 심판이다. 많은 그리스도인들이 이 점에 대하여 분명한 믿음이 결여되어 있다. 그래서 구원받았으니 자유스럽게 살아도 된다는 오해를 갖게 됨으로써 세상의 비판을 받기도 한다.

우리는 그리스도인으로서 평상시의 생활과 일에 대하여 분명한 심판이 있음을 알아야 할 것이며, 그 심판에 따라 내가 그리스도의 왕권에 참여할 수 있느냐 없느냐가 결정된다는 것을 분명하게 알고 "두렵고 떨림으로 너희 구원을 이루라"(빌 2:12)는 말씀을 묵상해야 할 것이다. 그렇지 않으면 "누구든지 공력이 불타면 해를 받으리니 그러나 자기는 구원을 얻되 불 가운데서 얻는 것 같으리라"(고전 3:15)는 경고와 같이 될 것이다.

관원은 하나님의 사자이다

셋째, 관원들은 악한 일에 대하여 두려움이 된다. 그들은 하나님의 사자로서 공연하게 칼을 갖지 않았다. 무척 두려운 경고다. 이 세상의 권세자들은 하나님의 사자 곧 대사라는 것을 한 번이라도 인식하여 살고 있는가를 그리스도인 자신들에게 물어보라. 각국에 파견되는 대사는 대통령의 권한을 위임받아 일을 하고 있다.

우리 주변의 관원들은 역시 대통령의 권한을 위임받은 집사의 직분을 맡은 자들이요, 대통령은 하나님의 권위를 위임한 통치자다. 여기의 악한 일이란 무엇인가. 그리스도인들이 행하는 불의다.

> "하나님의 진노가 불의로 진리를 막는 사람들의 모든 경건하지 않음과 불의에 대하여 하늘로부터 나타나나니"(롬 1:18).

이 말씀에서 하나님의 의와 하나님의 진노의 대비를 볼 수 있다. 우리는 하나님을 의롭고 합당하게 대하지 않고, 하나님께서 미워하는 불의로 진리를 억누르고 하나님 알기를 거절했다(롬 1:28). 다시 말해 진리이고 생명이신 하나님의 권위에 도전함으로써 하나님의 영광을 금송아지와 같은 우상으로 바꾸고(롬 1:21-23), 자제심을 잃고 한없이 타락함으로써(롬 1:24-32), 이 세상 관원들인 경찰과 검찰의 심판을 자초하는 것이다.

양심을 위해 굴복하라

넷째, 양심을 위하여 굴복하라. 양심은 사람의 영의 한 부분이다.

> "내 양심이 성령 안에서 나와 더불어 증언하노니"(롬 9:1).

우리가 양심을 살피는 것은 하나님 앞에서 성령 곧 영을 살피는 것이다. 그리스도인의 좋은 품행은 그리스도 안에서 있는 것이어야 한다. 그리스도인에게는 위대한 비밀이 있다.

"주와 합하는 자는 한 영이니라"(고전 6:17).

그러면 영은 무엇인가?

"내가 너희에게 이른 말이 영이요 생명이라"(요 6:63).

우리가 영 안에 있다는 것은 바로 그리스도의 말씀이 나를 주관하고 이끌어 가는 것을 말한다. 따라서 영 안에 있는 매일매일의 삶과 생활이 윤리적이고 도덕적인 생활보다 더 높다는 것을 의미한다.

우리는 세상에서 선한 양심을 가져야 한다. 하나님 앞에서 진리와 거짓을 판단하는 영적 분별력, 하나님 앞에서 자신의 행위를 온전케 하려는 의지로서 하나님의 뜻을 통찰하는 능력이 양심이다. 그래서 "선한 양심을 가지라 이는 그리스도 안에 있는 너희의 선행을 욕하는 자들로 그 비방하는 일에 부끄러움을 당하게 하려 함이라"(벧전 3:16)고 말했다.

사도 바울은 우리가 구원받을 수 있는 것은 율법에 비추어 보지 않아도 인간 스스로 능히 알 수 있다면서 양심을 말하고 있다.

"이런 이들은 그 양심이 증거가 되어 그 생각들이 서로 혹은 고발하며 혹은 변명하여 그 마음에 새긴 율법의 행위를 나타내느니라"(롬 2:15).

따라서 사람의 양심은 하나님께서 창조하신 사람의 본성과 일치하며, 사람은 양심으로 말미암아 하나님께서 무엇을 의롭다 하시는지, 무엇을 유죄 판결하시는지를 알 수 있기에 양심을 위하여 굴복해야 한다.

공세를 바치라

다섯째, 공세를 바치는 일에도 힘써야 한다. 공세를 바치는 문제는 예수님이 바리새인들의 송사와 관련하여 가장 분명하게 답을 하셨다.

"가이사의 것은 가이사에게, 하나님의 것은 하나님께 바치라"(마 22:21).

그러나 오늘날 많은 기업인이나 힘 있다고 하는 자들은 불의를 저지르고 있다. 특히 그리스도인이라고 자처하는 자들마저도 이런 일에 양심이 없다. 법망을 피하면 이것도 하나님의 은혜라고 착각하는 자들이 있다.

구약에서 회막의 봉사에 쓰는 속전이 있다. 생명을 속하기 위하여 부자나 가난한 자나 하나님께 반 세겔을 드리고, 율법에 따라 하나님께 속전 곧 십일조를 드렸다(출 30:11-15). 이와 마찬가지다. 그리스도인은 세상에 살면서 당연하게 공세를 내야 한다. 이것을 회피하는 것도 불의요, 정상적인 그리스도인의 생활이 아니다.

권세자를 위해 기도하라

여섯째, 두려워할 자를 두려워하며 존경할 자를 존경하라. 왜냐하면 성경이 그렇게 말씀하고 있기 때문이다.

> "사환들아 범사에 두려워함으로 주인들에게 순종하되 선하고 관용하는 자들에게만 아니라 또한 까다로운 자들에게도 그리하라 부당하게 고난을 받아도 하나님을 생각함으로 슬픔을 참으면 이는 아름다우나 죄가 있어 매를 맞고 참으면 무슨 칭찬이 있으리요 그러나 선을 행함으로 고난을 받고 참으면 이는 하나님 앞에 아름다우니라"(벧전 2:18-20).

그리스도인들은 권세자를 위하여 기도해야 한다.

> "임금들과 높은 지위에 있는 모든 사람을 위하여 (기도) 하라 이는 우리가 모든 경건과 단정한 중에 고요하고 평안한 생활을 하려 함이니라"(딤전 2:2).

우리가 두려워할 자를 두려워하며, 존경할 자를 존경하는 것은 평안하고 안전한 가운데 우리가 갖고 있는 복음을 전하기 위함이다. 전쟁이나 사회가 불안할 때에는 복음 전도가 불가능하다.

그래서 사도 바울은 참 아들 디도(딛 1:4)에게 편지하기를, 성도들이 정부와 좋은 관계를 유지하게 하라고 명령하고 있다.

"너는 그들로 하여금 통치자들과 권세 잡은 자들에게 복종하며 순종하며 모든 선한 일 행하기를 준비하게 하며 아무도 비방하지 말며 다투지 말며 관용하며 범사에 온유함을 모든 사람에게 나타낼 것을 기억하게 하라"(딛 3:1-2).

이것은 하나님의 권위를 인정하고, 사람들을 다스리는 하나님의 통치를 존중하는 말씀으로 로마서 13장의 말씀을 재확인시키고 있는 것이다.

금과 은과 보석이 되어야 한다

그러면 정상적이지 못한 그리스도인은 어떻게 되는가. 이것을 아는 그리스도인들은 그렇게 많지 않다. 앞에서 이야기했던 내용을 좀더 자세히 보자.

"만일 누구든지 금이나 은이나 보석이나 나무나 풀이나 짚으로 이 터

위에 세우면 각 사람의 공적이 나타날 터인데 그 날이 공적을 밝히리니 이는 불로 나타내고 그 불이 각 사람의 공적이 어떠한 것을 시험할 것임이라 만일 누구든지 그 위에 세운 공적이 그대로 있으면 상을 받고 누구든지 그 공적이 불타면 해를 받으리니 그러나 자신은 구원을 받되 불 가운데서 받은 것 같으리라"(고전 3:12-15).

정상적인 그리스도인은 분명하게 금과 은과 보석으로 집을 지어야 한다. 나무와 풀과 짚으로만 집을 지으면 그리스도의 심판 때에 모두 불에 타버린다. 하나님의 자녀가 된 이후에 내가 살았던 일과 행동은 모두 불타게 된다. 얼마나 억울하겠는가?

성경에서 금은 하나님의 본성을 상징한다. 은은 구속하신 그리스도의 인격인 은혜를 상징한다. 보석은 불을 통과하여 변화된 그리스도인을 상징한다. 그리고 나무는 선악과를 먹고 불순종한 사람의 본성이다. 풀은 은과 대비되는 육체의 사람(벧전 1:24)이다. 그리고 짚은 생명이 끊어진 성령을 통한 변화가 없는 일과 생활을 상징한다. 따라서 금과 은과 보석의 삶은 변화된 삶이요, 알곡이 된 그리스도인들이다.

우리가 그리스도인으로서 이 땅에 사는 동안, 내 안에 그리스도의 삶이 없을 때에는 분명한 해를 받게 된다. 우리는 "염소와 송아지의 피로 하지 아니하고 오직 자기의 피로 영원한 속죄를 이루사 단번에 성소에 들어가셨느니라"(히 9:12)는 말씀과 같이 영원히 구속을 받았다. 그러나 이 땅에 남아서 살고 있다. 우리의 육신은 아직도 죄의 법의 지배를 받고 있다. 육신 속에 사탄의 죄의 법이 지배함으로써 '육체의 사람'으로서 곤고한 삶을 살고 있다.

"오호라 나는 곤고한 사람이로다 이 사망의 몸에서 누가 나를 건져내랴"(롬 7:24).

오직 "생명의 성령의 법"(롬 8:2)인 예수 그리스도밖에 없음을 알 때에 이 문제가 해결된다.

우리가 하나님의 생명과 연결되지 못하고, 자기 마음 가는 대로 일하고 생활함으로써 그리스도의 심판대에서 해를 받아 불 가운데 얻는 부끄러운 구원이 된다. 즉 정상적인 그리스도인은 왕 중의 왕인 예수 그리스도와 함께 왕권에 참여하지만, 변화되지 못한 자는 천년 동안 부족한 기름을 채워야 하는(마 25:1-13) 징계의 해를 받을 것이다. 그러므로 말씀에 늘 "깨어 있어야"(마 25:13) 한다.

06

다 하나님의 심판대 앞에 서야 한다
_ 로마서 14:10

"네가 어찌하여 네 형제를 비판하느냐 어찌하여 네 형제를 업신여기느냐 우리가 다 하나님의 심판대 앞에 서리라 기록되었으되 주께서 이르시되 내가 살았노니 모든 무릎이 내게 꿇을 것이요 모든 혀가 하나님께 자백하리라 하였느니라 이러므로 우리 각 사람이 자기 일을 하나님께 직고하리라"(롬 14:10-12).

"그런즉 우리는 몸으로 있든지 떠나든지 주를 기쁘시게 하는 자가 되기를 힘쓰노라 이는 우리가 *다 반드시 그리스도의 심판대 앞에 나타나게 되어* 각각 선악간에 그 몸으로 행한 것을 따라 받으려 함이라"(고후 5:9-10).

구원받은 자도 심판이 있다

우리가 계속해서 강조해도 지나치지 않은 것은 믿는 자들의 심판이다. 왜냐하면 이것이 그리스도인으로서 가장 중요한 것 중의 하나이기 때문이다. 하지만 그리스도인 중에 많은 이들이 그리스도의 생명을 영접한 후의 생활과 일에 대하여 분명한 심판이 있다는 '심판의 진리'에 대하여 심상히 여긴다.

우리가 성경을 깊이 묵상할 때에 심판에는 두 가지가 있음을 본다. 첫 번째 심판은 천년왕국 전에 그리스도인들이 어떻게 살았느냐는 것을 심판하는 '그리스도의 심판'(고후 5:10)이다. 로마서에서는 '하나님의 심판'(롬 14:10)으로 표현하고 있다. 사도 바울은 그리스도의 몸에 대하여 이사야 45장 23절의 말씀을 인용하면서 하나님의 심판으로 표현하고 있다.

두 번째 심판은 백보좌의 심판이다(계 20:11-15). 이것은 천년왕국 후에 믿지 않은 모든 사람들을 심판하는 '하나님의 영원한 심판'이다. 이 심판은 불못에서의 영원한 형벌에 관한 심판이다. 많은 그리스도인들이 그리스도의 심판에 대한 분명한 의식이 없기 때문에 구원받은 후의 생활에 대해서 "그냥 천국 가면 됐지"라면서 세상 사람과 구별함이 없이 살아가는 모습을 본다.

하나님은 오직 공의로 심판하시는 분이다(벧전 2:23). 그리스도인이 정상적인 삶을 살았느냐, 아니면 세상 사람과 똑같이 살았느냐를 판가름하는 것이 그리스도의 심판이다. 이 심판은 불못이라는 지옥에는 가지 않지만 이 땅에서 어떻게 살았느냐를 심판하실 것이다. 그리스도인은 현숙한 여인(잠 31:10)으로서 혼인잔치에 참여할 수 있느냐의 문제다. 다른 표현을 빌리면 대제사장인 그리스도를 따라 왕권에 참여할 수 있는 제사장이 되느냐의 문제다.

어느 날, 원로장로님 한 분과 대화를 나눴다. 장로님은 그리스도를 영접한 이후 40년간 교회 봉사를 했고, 원로장로가 되어서도 계속 봉사하고 있다. 대화 중에 '그리스도의 심판과 백보좌 심판'에 대하여 정확하게 아시느냐고 했을 때에 그것이 같은 것이 아니냐는 답변에 몇 시간 동안 심판에 대하여 전해주자 감사해 하셨다. 지금도 많은 그리스도인들이 종교 생활에 익숙함으로써 현재의 내가 어떤 위치에 있는지를 모르고 생활하고 있다. 이 문제에 대하여 좀더 살펴보자.

그리스도인으로서의 정상적인 삶

첫째, 우리가 그리스도인으로서 정상적인 삶을 살고 있느냐이다. 내가 목사나 설교자의 말에 중심을 두고 믿음의 생활을 하느냐, 아니면 성경의 말씀에 의지하여 생활하느냐에 있다. 성경 전체의 핵심은 그리스도와 교회다. 하나님의 비밀은 그리스도요(골 2:2), 그리스도의 비밀은 교회(엡 3:4)다. 하나님의 최종 목적은 온전한 신부인 교회를 세우는 것이다. 우리는 지금까지 온전한 교회를 세워가기 위하여 로마서 12장을 중심으로 살펴보았다. 내가 산 제물로서 생각을 새롭게 하여 변화를 받아 온전한 지체로서 몸의 완성 곧 교회 생활이 되느냐에 있다.

많은 이들이 성도들이 함께 모여서 일을 한다는 명분하에 크고 작은 사업들을 많이 하고 있다. 그러나 그곳에 세상적인 논리와 방법이 동원된다면 거기에는 그리스도가 없는 것이다. 대표적인 사례가 큰 교회들에서 행해지는 사업들이다. 교회가 사업을 한다는 것은 금송아지일 수밖에 없다. 대부분이 사업을 통해 성도의 교제와 복음 전도를 앞세우고 있으나, 정작 운영되는 것은 엄청난 이권이 개입하는 돈 문제와 연결되어 있다. 당회장과 유력 장로의 영향력하에 자행되는 백태는 결국 교회의 분열로 이어진다.

세월호 사건이 한국 교회에 대한 경고라고 주장하는 어느 목사는 "드러나지 않아서 그렇지 구원파보다 더한 교회들이 많다"는 자조적인 말을 한다. 그리스도인들이 무슨 일을 하든지 그리스도가 빠진 세상적인 것으로 대치하는 것은 그리스도인의 정상적인 삶이 아니다. 겉보기에는 그럴 듯하지만 죽은 조직이요, 그리스도의 심판대 앞에서 자신들이 했던 모든 행위를 직고함으로써 심판을 받을 것이다.

천년왕국 전에 있는 심판

둘째, 그리스도는 분명하게 천년왕국 전에 믿는 자들을 심판한다. 위에서 제시한 본문처럼 형제를 판단하고 업신여기거나, 정상적인 그리스도인의 삶을 살지 못함으로써 주를 기쁘게 하지 않은 자는 하나님 앞에 무릎을 꿇고 자기가 행한 일을 직접 고할 것이다. 그러면 왜 천년왕국 전인가? 물론 이에 대해서는 신학적인 논쟁이 있다. 그러나 성경의 말씀을 중심으로 할 때에 그리스도의 심판대는 그리스도의 재림 직후, 천년왕국 전에 있을 것이다.

"인자가 아버지의 영광으로 그 천사들과 함께 오리니 그 때에 각 사람이 행한 대로 갚으리라"(마 16:27).
"귀인이 왕위를 받아가지고 돌아와서 은화를 준 종들이 각각 어떻게 장사하였는지를 알고자 하여 그들을 부르니"(눅 19:15).

누가복음의 열 므나 비유는 너무도 유명하다. 우리는 한 므나씩 구원을 받았다. 이것으로 이 땅에서 어떻게 살았느냐가 심판의 기준이다. 이 심판은 그리스도의 재림 직후인 천년왕국 전에 이루어진다.

그럼, 그리스도의 심판에 대해 좀더 알아보자.

"만일 누구든지 금이나 은이나 보석이나 나무나 풀이나 짚으로 이 터(예수 그리스도) 위에 세우면 각 사람의 공적이 나타날 터인데 그 날이 공적을 밝히리니 이는 불로 나타내고 그 불이 각 사람의 공적이 어떠한 것을 시험할 것임이라 만일 누구든지 그 위에 세운 공적이 그대로 있으면 상을 받고 누구든지 그 공적이 불타면 해를 받으리니 그러나 자신은 구원을 받되 불 가운데서 받은 것 같으리라"(고전 3:12-15).

우선 금과 은과 보석은 무엇인가? 성경 전체를 보면 금은 하나님의 본성을 말한다. 은은 창세기의 진주와 같이 그리스도 자신이다. 보석은 반드시 불의 시험을 견디어 낸 변화된 그리스도, 곧 성령의 그리스도를 말한다. 여기에도 삼위일체 하나님이 있다. 얼마나 놀라운가!

나무는 금과 대비되는 인성 곧 선악과의 사망의 나무다. 풀은 땅에서 자란 그대로의 육체적인 사람이다. 땅은 저주받은 죄악의 땅이다. 그곳에서 자란 그대로의 것이다. 이것은 죄악된 육신으로 탐욕이라는 우상 숭배를 하는 자들이다. 짚은 땅에서 잘려진 생명의 진액을 받지 못하는 것, 곧 그리스도의 생명을 지속적으로 받지 못하는 변화되지 않은 자들이다.

따라서 나무와 풀과 짚으로 교회 생활을 하는 자들은 그 공력이 불에 탄다. 이들은 반드시 '해'를 받는다. 성경에 어떤 해로움이 되는지는 구체적으로 언급이 없으나, 그들은 '구원을 얻되 불 가운데 얻는다'고 했기 때문에 그에 상응한 불이익이 있을 것이다. 마태복음의 열 처녀의 비유(마 25:1-13)에서 지혜롭지 못한 다섯 처녀들이 받은 손해와 같을 것이다.

교회는 심판을 반드시 가르쳐야 한다

구원받은 많은 믿는 이들이 이 말씀을 소홀히 하고 있다. 왜 그런가? 교회에서 정확하게 가르치지 않고 있기 때문이다. 특히 거듭난 경험을 하고 몇십 년이 되었다고 자랑하는 그리스도인 중에는 이에 대하여 분명한 믿음이 없는 것을 본다. 그들은 구원받은 한 장래의 심판에 대해서는 아무 문제가 없다고 생각한다. 그러나 사도 바울은 누구든지 공력이 불타면 해를 받으리라는 것을 확실하게 말하고 있다. 성경 말씀에는 예외가 없다.

"그러므로 때가 이르기 전 곧 주께서 오시기까지 아무 것도 판단하지 말라 그가 어둠에 감추인 것들을 드러내고 마음의 뜻을 나타내시리니 그 때에 각 사람에게 하나님으로부터 칭찬이 있으리라"(고전 4:5).

우리가 바르게 생활을 했으면 상을 받고, 공력이 불타면 해를 받는다. 우리가 믿는 자의 심판에 대하여 분명하게 알아야 하는 이유다. 여기에 부언하면 그리스도의 심판은 백보좌의 심판과 다르게 징계나 어떤 벌이라는 점이다.

"우리가 판단을 받는 것은 주께 징계를 받는 것이니 이는 우리로 세상과 함께 정죄함을 받지 않게 하려 하심이라"(고전 11:32).

여기서의 징계는 백보좌 심판처럼 멸망받는 것과는 다르다.
우리는 결코 멸망당하지 않는다 할지라도 더이상 문제가 없을 것이라고 생각해서는 안 된다. 그리스도인들이 이 땅에 사는 동안은 물론 주님이 다시 오실 때에는 더이상의 징계가 없을 것이라는 부정확한 관념은 갖지 마라. 그러기에 우리는 정상적인 그리스도인의 삶을 살기 위해 성경을 깊이 묵상하고, 성경을 전한다고 하는 설교자의 카리스마나 인간적인 매력에 매몰되는 가련한 그리스도인이 되어서는 안 된다.

심판에 대한 잘못된 가르침

셋째, 교회 속에는 그리스도의 심판에 대한 잘못된 가르침이 있다. 우선 칼빈주의에서는 '당신이 한 번 구원을 받으면 영원히 구원받았으므로 장래에 아무 문제가 없다'고 한다. 여기에도 많은 신학적인 이론이 있다. 이것 때문에 교회사에서 많은 분열이 계속되고 있다.

다음으로 알미니안(Armenian)들이다. 이들은 1610년 알미니우스의 영향을 받은 네덜란드 개신교의 일파로서 구원받은 후에 생활이나 일이 그릇되면 구원을 다시 잃을 수 있다고 한다. 우리는 한 번 구원을 받으면 영원히 구원받았고, 그 구원을 잃을 수 없다. 그러나 구원받은 자가 어떻게 살았느냐에 대하여 하나님은 분명하게 계산을 하신다.

그리고 오순절파에서는 사람이 이생에서는 영원히 구원을 받을 수 없고, 일생 동안 여러 번 구원을 받아야 한다고 한다. 이러한 구원은 엘리베이터와 같은 오르락내리락하는 구원이다.

"내가 그들에게 영생을 주노니 영원히 멸망하지 아니할 것이요 또 그들을 내 손에서 빼앗을 자가 없느니라 그들을 주신 내 아버지는 만물보다 크시매 아무도 아버지 손에서 빼앗을 수 없느니라 나와 아버지는 하나이니라"(요 10:28-30).

하나님이신 예수님의 말씀이다.

한편 천주교에서는 고린도전서 3장 15절의 "해를 받고, 불 가운데 얻는 구원"이라는 말씀을 근거로 연옥을 주장하고 있다. 죽은 후에 연옥에서 정결케 하는 불을 견디고 있는 친척을 위해 금전을 헌금함으로써 그런 고통을 줄일 수 있다는 것이다. 얼마나 황당한 발전인가? 우리는 금과 은과 보석으로 교회를 세우는 정상적인 삶을 살아야 한다.

따라서 우리는 의의 면류관을 위하여 이 땅에서 정상적인 그리스도인이 되어야 한다.

"이제 후로는 나를 위하여 의의 면류관이 예비되었으므로 주 곧 의로우신 재판장이 그 날에 내게 주실 것이며 내게만 아니라 주의 나타나심을 사모하는 모든 자에게도니라"(딤후 4:8).

이것이 사도 바울의 결론이다.

07

평강의 하나님께서 사탄을 상하게 하시리라
"동역자를 중시해야 한다"

_ 로마서 16:20

"형제들아 내가 너희를 권하노니 너희가 배운 교훈을 거슬러 분쟁을 일으키거나 거치게 하는 자들을 살피고 그들에게서 떠나라 이같은 자들은 우리 주 그리스도를 섬기지 아니하고 다만 자기들의 배만 섬기나니 교활한 말과 아첨하는 말로 순진한 자들의 마음을 미혹하느니라 너희의 순종함이 모든 사람에게 들리는지라 그러므로 내가 너희로 말미암아 기뻐하노니 너희가 선한 데 지혜롭고 악한 데 미련하기를 원하노라 **평강의 하나님께서 속히 사탄을 너희 발 아래에서 상하게 하시리라** 우리 주 예수의 은혜가 너희에게 있을지어다"(롬 16:17-20).

우리는 지금까지 하나님은 그리스도의 몸 안에서 영광을 얻으신다는 로마서 12장 말씀을 중심으로 정상적인 그리스도인의 생활을 살펴보았다. 그리고 그리스도인의 영광의 소망인 예수 그리스도께서 다시 오실 때에 내가 이 땅에 사는 동안 어떻게 살았느냐를 직고하는 심판의 문제까지 보았다.

이제는 마지막 단계로 하나님이 교회 생활 안에서 어떻게 구체화되고 있는지를 볼 것이다. 하나님은 그리스도 안에서 구체화되고 표현된다. 그리스도는 그의 몸 안에서 구체화된다. 그리고 그리스도의 몸은 교회 생활 안에서 구체화된다. 이것이 하나님과 그리스도와 교회의 관계다.

로마서 16장은 올바른 교회 생활에 대해 말한다. 우리가 로마서를 깊이 묵상하다 보면 로마서 4장에서는 1장에서 3장까지의 결론으로, 아브라함을 통하여 믿음으로 의롭게 되는 예증을 본다. 마찬가지로 마지막 16장은 12장에서 15장까지의 결론으로, 하나님이 교회 안에 있음을 증명한다. 교회를 섬기는 '뵈뵈' 자매와 교회를 위하여 목숨을 내놓은 '브리스가'와 '아굴라' 같은 사람들을 언급하면서 초대 교회 생활의 모범된 그림을 제공한다. 따라서 평강의 하나님께서 교회에서 교훈을 거슬러 분쟁을 일으키고, 순진한 자들의 마음을 미혹케 하는 사탄을 우리의 발 아래서 상하게 하신다고 말하고 있다. 이제 16장의 교회 생활의 구체적인 그림을 보자.

자매들의 역할

첫째, 겐그레아 교회의 '뵈뵈' 자매처럼 교회를 섬겨야 한다. 뵈뵈 자매는 여 집사로서 여러 사람과 사도 바울을 섬긴 보호자였다(롬 16:1). 원래 보호자라는 말은 돕고 부양하고 공급하는 의미를 포함하고 있다. 사도 바울이 교회 생활을 말하면서 제일 먼저 한 자매의 섬김에 대하여 말하는 것은 참으로 의미가 크다. 모든 성도들이 섬김을 우선시하면서 이를 생활화하지 않으면 교회가 세워지기 어렵다.

특히 사도 바울이 여 집사 뵈뵈 자매를 들어 '보호자'라고까지 말하고 있는 것을 보면 그녀에 대하여 얼마나 감사와 존경을 나타내고 있는지를 알 수 있다. 심지어 성도들이 합당한 예절로 그녀를 영접하고 무엇이든지 그녀가 필요로 하는 것은 도와주라고 부탁하고 있다.

초대 교회나 오늘날의 교회나 교회 내부 생활의 중심에는 여자들이 많다. 예수님께서 직접 세우신 베다니에 있는 나병환자 시몬(막 14:3)의 가정 교회에서도 자매들이 중심이 되어 있다. 거기서 예수를 위하여 잔치할 때에 마르다는 섬김의 일을 하고, 마리아는 비싼 향유를 예수님의 발 아래 부으며 사랑을 표현했다(요 12:1-3). 실제로 오늘날에도 자매들의 봉사와 섬김이 교회에 절대적으로 필요하다.

동역자를 중시해야 한다

둘째, '브리스가와 아굴라'처럼 교회를 위하여 생명을 내놓을 수 있어야 한다(롬 16:3). 브리스가와 아굴라는 사도 바울의 동역자들이었다. 그들은 사도 바울의 목숨을 지키기 위하여 자기의 목숨을 내어 놓음으로써 다른 이방인 지역의 모든 교회들에게도 감사의 대상이 되었다.

교회를 이끌어 가는 것은 혼자 할 수 없다. 여러 동역자들이 하나가 되어 함께 해야 한다. 그리고 사도 바울이 아들이라고 불렀던 후계자 디모데를 키웠듯이 교회도 복음을 이어갈 젊은 세대를 키워야 한다.

한국의 큰 교회들이 자기 자식을 후계자로 이어가려다가 반대가 심하자, 변칙적인 승계를 하면서 곤혹을 치르고 있다. 물론 성경에는 자식이 후계자가 되면 안 된다는 말씀이 없기에 주님께 합당하면 상관이 없다. 그러나 교회를 위하여 자신의 목숨까지도 내어 놓은 신실한 동역자들에 대하여는 인정을 해야 한다. 결국 함께하는 동역자를 믿지 못하고, 탐욕으로 말미암아 자기 아성을 쌓으려는 행위는 하나님 앞에 진실하지 못한 것이다.

초대 교회의 브리스가와 아굴라처럼 진정으로 주님의 교회를 사랑한다면 다른 지역의 여러 교회들까지 감사할 것이다. 우리는 내가 속해 있는 교회뿐 아니라 다른 교회들에 대하여도 사랑해야 한다.

서로 문안하라

셋째, 교회가 가정 안에 있기에 각각의 교회에게도 문안해야 한다(롬 16:5). 초대 교회는 대부분이 가정 교회에서 출발했다. 여기 처음 언급한 교회는 브리스가와 아굴라가 있는 교회다. 그들이

에베소에 있을 때는 그곳이 교회였다(고전 16:17). 또한 그들이 로마에 있을 때에는 로마에 있는 교회가 그들의 집에 있었다.

사도 바울은 매우 기억력이 뛰어난 하나님의 일꾼이다. 옥중에 있으면서도 동역자들 하나하나를 다 기억했다. 이외에도 많은 교회의 일꾼들에 대하여 문안하도록 권유한다. 아시아에서 처음 익은 에베네도, 많이 수고한 마리아, 함께 갇혔던 안드니고와 유니아, 사랑하는 암볼리아, 사랑하는 동역자인 우르노바와 스다구 등등에게 "그리스도의 모든 교회가 다 너희에게 문안하느니라"(롬 16:16)고 권고한다.

모든 교회는 진정한 그리스도의 교회가 되어야 한다. 여기서 '모든 교회'라는 의미는 모두가 그리스도의 생명 안에서 하나이어야 한다는 뜻이다. 그러나 현대 교회가 세속화되다 보니, 교회라는 의미가 사람이 세운 어떤 조직으로 변질되어 버렸다. 교회는 특정한 개인의 것이 아니다. 교회 신문을 읽다 보면 교회를 매각하고 경매한다는 광고를 자주 보게 된다. 심지어 크기는 물론 교인 수가 몇 명이라는 내용까지 게재되어 있다.

교회는 그런 것이 아니다. 교회는 그리스도의 인격인 생명이 살아 움직이는 곳이다. 이 땅에 있는 가시적인 교회 건물은 더욱더 아니다. 서구의 초호화판 교회를 보라. 지금은 유명한 관광지일 뿐이다. 교회는 건물 속에 있는 그리스도의 생명을 받은 자들의 모임이다. 이 진정한 교회는 서로 문안하는 "그리스도의 모든 교회"(롬 16:16)이어야 한다.

성도들의 접대

넷째, 온 교회 안에서 모든 사람에게 접대하는 가이오와 같은 식주가 되는 것이다(롬 16:23). 교회에서 접대가 없다면 실제적으로 건조한 교회 생활이 될 것이다. 교회에서 접대가 많다는 것은 그만큼 교회가 부요하다는 것이다. 가이오는 사도의 식주일 뿐 아니라 온 교회의 식주 곧 주방장이었다. 아마도 많은 그리스도인들이 가이오 집에서 머물렀음을 짐작하게 한다. 그의 집은 열려 있었으며, 모든 성도들이 이용할 수 있었다고 본다. 왜냐하면 교회의 식주라고 했기에 교회에 있는 사람들의 식주인이었다.

> "기생 라합이 사자들을 접대하여 다른 길로 나가게 할 때에 행함으로 의롭다 하심을 받은 것이 아니냐"(약 2:25).

기생 라합이 여호수아가 보낸 정탐꾼을 후하게 접대함으로써 구원을 받은 일은 너무나도 잘 아는 내용이다(수 6:17). 그리스도인은 믿음으로 손님 접대를 후하게 해야 한다. 가정이 접대하도록 열려 있을 때에 그 가정은 그리스도의 축복이 함께 하게 된다. 우리는 접대를 많이 베풀수록 교회 생활에 대한 체험은 더욱더 커질 것이다.

죄와 사망과 사탄의 처리

마지막으로, 평강의 하나님은 참다운 교회 생활을 반대하는 사탄을 궤멸시킨다(롬 16:20). 교회 내에는 반드시 정상적인 생활의 교훈을 거스르고, 거치게 하여 분쟁을 야기시키는 자들이 있게 마련이다. 이들은 주님을 섬기지 아니하고, 자기 배만 섬기면서 공교한 아첨의 말로 순진한 자들의 마음을 미혹케 한다.

그러나 염려하지 마라. 우리가 순종하여 선한 데 지혜롭고, 악한 데 미련하게 된다면 평강의 하나님이 그들을 조정하는 사탄을 발 아래에 상하게 하실 것이다. 이것은 하나님께서 사탄을 궤멸시키는 것이 교회 생활과 관련이 있음을 가리킨다.

다시 말해 우리가 정상적인 교회 생활 속에 있다면 하나님은 사탄을 발 아래에 둘 것이다. 그러나 만약 우리가 교회에서 떠나 있으면 사탄의 먹이가 된다. 왜냐하면 우리는 개인적으로 사탄에 대응할 힘이 약하기 때문이다. 우리가 교회 안에 있고, 몸이 하나일 때에 사탄은 우리를 범접하지 못한다. 하나님은 평강의 하나님이시다. 결국 우리는 그리스도와 함께 철장으로 만국을 다스리는 이기는 자들이 될 것이다(계 2:26-27).

원래 하나님이 사람을 창조하실 때의 목적은 그분의 형상 안에서 그분을 표현하고, 그분의 주권과 권위를 가지고 그분을 대표하는 것이었다. 하나님이 사람을 창조하기 전에는 유일한 대적자가 사탄이었다. 그러나 창조된 사람은 순수하고 죄가 없었으나, 사탄이 자신의 죄를 사람 속에 주입함으로써 죄가 들어왔고, 죄로 인하여 사망이 왔다. 죄와 사망은 사탄이 뿌린 결과요, 그것들은 오늘 우리 사람 속에서 왕 노릇한다.

> "한 사람의 범죄로 말미암아 사망이 그 한 사람을 통하여 왕 노릇 하였은즉 더욱 은혜와 의의 선물을 넘치게 받는 자들은 한 분 예수 그리스도를 통하여 생명 안에서 왕 노릇 하리로다"(롬 5:17).

우리는 평소 교회 생활에서 우리가 '생명 안에서 왕 노릇'한다는 말을 들어본 적이 있는가? 교회 생활에서 평강의 하나님을 누릴 때에 전에는 옛 사람으로서 죄와 사망이 우리의 왕으로 행세했지만, 이제는 그리스도의 은혜와 의가 생명 안에서 왕 노릇하고 있다. 그러나 이를 아는 자들이 많지 않다. 평강의 하나님은 교회 생활 안에서 죄와 사망의 근원인 사탄을 멸하시고, 우리를 생활 속에서 왕이 되게 하신다. 얼마나 귀한 은혜인가.

하지만 죄와 사망과 사탄은 여전히 우리 속에서 활동하고 있다. 그러나 평강의 왕이신 하나님의 은혜로 채워지도록 자신을 드린다면, 우리는 생명 안에서 사탄에 대하여 왕 노릇할 것이다. 우리는 가정 생활에서, 결혼 생활에서, 교회 생활에서 사탄을 밟고 왕 노릇해야 한다. 이것이 로마서의 핵심 내용이며, 사탄을 우리의 발 아래에 두신다는 너무도 귀한 은혜의 말씀이다.

08

돈을 사랑함이 일만 악의 뿌리다
_ 디모데전서 6:10

"누구든지 다른 교훈을 하며 바른 말 곧 우리 주 예수 그리스도의 말씀과 경건에 관한 교훈을 따르지 아니하면 그는 교만하여 아무 것도 알지 못하고 변론과 언쟁을 좋아하는 자니 이로써 투기와 분쟁과 비방과 악한 생각이 나며 마음이 부패하여지고 진리를 잃어버려 경건을 이익의 방도로 생각하는 자들의 다툼이 일어나느니라 그러나 자족하는 마음이 있으면 경건은 큰 이익이 되느니라 우리가 세상에 아무 것도 가지고 온 것이 없으매 또한 아무 것도 가지고 가지 못하리니 우리가 먹을 것과 입을 것이 있은즉 족한 줄로 알 것이니라 부하려 하는 자들은 시험과 올무와 여러 가지 어리석고 해로운 욕심에 떨어지나니 곧 사람으로 파멸과 멸망에 빠지게 하는 것이라 *돈을 사랑함이 일만 악의 뿌리가 되나니 이것을 탐내는 자들은 미혹을 받아 믿음에서 떠나 많은 근심으로써 자기를 찔렀도다*"(딤전 6:3-10).

주님께 거절당한 교회

오늘날 한국 교회의 세속화의 가장 큰 주범은 돈이라 할 수 있다. 한국 교회가 돈 문제로 하루도 조용할 날이 없다. 한마디로 오늘의 한국 교회는 계시록의 라오디게아 교회의 말씀을 그대로 보이고 있다.

> "나는 부자라 부요하여 부족한 것이 없다 하나 네 곤고한 것과 가련한 것과 가난한 것과 눈 먼 것과 벌거벗은 것을 알지 못하는도다"(계 3:17).

라오디게아 교회는 하나님이 칭찬하신 빌라델비아 교회가 타락한 교회다. 라오디게아라는 말은 '사람의 정의'를 의미한다. 그리스도의 믿음보다는 사람의 정의가 중시되는 조직화된 현대 교회다. 타락한 교회는 공허한 교리적인 지식과 물질은 풍부할지 모르지만 그리스도의 풍성을 체험하는 것에는 부족하다. 그래서 벌거벗고 눈멀고 수치와 어둠이 가득하기 때문에 가련하다. 그리스도에 대한 풍성한 체험이 없기 때문에 가난하다. 영적인 일을 보지 못하기 때문에 눈이 멀어 있다. 그리스도의 구원의 옷이 부족해서 벌거벗고 있다. 그래서 주님은 내 입에서 토하여 내치리라고 말씀하신다.

라오디게아 교회는 주님께 거절당한 대표적인 교회의 모습이다. 오늘 우리가 몸담고 있는 한국 교회의 자화상이다. 물론 모든 교회가 그렇다는 것은 아니다. 하지만 그 속에는 풍부한 돈이 일만 악의 뿌리가 되고 있다는 것이 현실이다.

실제로 한국을 대표하는 대형 교회들이, 모두 돈 때문에 세상의 비난을 받고 있다. "저런 놈들이 보기 싫어 예수를 믿을 수 없다"는 비난의 소리는 너무도 가슴이 아프다. 종교지도자에게 비자금이 왜 필요한가? 더 특이한 것은 교회가 돈 문제로 시끄러운 곳에서는 자식들의 문제가 중심에 있다는 것이다. 구체적으로 말할 수는 없지만 돈이 모이는 교회는 하나님의 영광을 위한 복음 사업이 아니라 목회자의 독선과 가족들을 위한 물신 숭배의 전형이요, 일만 악의 뿌리가 되고 있다.

이러한 우려 때문에 사도 바울은 교회는 살아 계신 하나님의 집임에도 불구하고 교회들이 타락하고 있다는 것을 분명하게 알고 있었다. 그래서 젊은 동역자 디모데에게 이에 대한 경계를 부탁하고 힘을 주기 위하여, 교회 안의 정상적인 생활에 방해가 되는, 돈을 사랑하는 자들에 대하여 경계를 당부하고 있다. 본문의 핵심은 돈이 일만 악의 뿌리로서 결국 자기를 찔렀다는 말씀이다. 이에 대한 이야기를 좀더 하도록 하자.

돈 많은 자를 상석에 둔다

첫째, 돈을 사랑하는 자는 다른 교훈을 가르친다. 진리의 말,

곧 예수 그리스도의 말씀과 경건에 관한 교훈에 착념치 않는다. 그리스도와 교회를 중심으로 한 사도의 가르침과는 다른 가르침을 준다.

예컨대 "하나님의 나라는 먹는 것과 마시는 것이 아니요 오직 성령 안에 있는 의와 평강과 희락이라"(롬 14:17)는 가르침을 소홀히 하고 있다. 이 땅에서 교회 생활을 영위하는 '하나님 나라'는 먹고 마시는 육체의 정욕을 위한 행위가 아니라 우리 자신에 대하여는 의요, 다른 사람에 대하여는 평강이요, 우리의 영 안에서 하나님과 함께 하는 희락이어야 한다. 이것이 교회의 참 역할이다.

그러나 이러한 깊이 있는 묵상보다는 종교 행위를 강요하고 있다. 종교 행위란 우리가 행위로써 의로워지려고 하는 모든 것이다. 목사를 잘 섬기고, 교회 행사에 앞장서면서, 십일조는 물론 모든 기금에 앞장서는 자가 믿음이 좋은 것처럼 행위를 지나치게 강조하는 것이다. 이것은 외형적으로는 경건한 것 같지만 실제로는 돈을 많이 내는 자를 상석에 세우고, 심지어 큰 은혜를 받고 무언가 깨달은 것처럼 간증까지 하게 한다. 십일조를 많이 내는 성도가 믿음이 좋은 것으로 착각하게 한다. 뿐만 아니라 어떤 설교자는 공교한 말로 속이며(골 2:4), 철학과 헛된 속임수 그리고 사람의 유전과 초등학문을 가르친다(골 2:8).

설교자의 교만과 아집

둘째, 그는 교만하여 아무것도 알지 못하고 변론과 언쟁을 좋아한다. 분쟁이 있는 교회들을 보라. 설교자의 교만과 아집으로 인하여 변론과 언쟁이 많으며, 투기와 분쟁과 훼방과 악한 생각이 지배하고 있다. 특히 설교자의 지나친 카리스마가 성도들의 목을 조이고 있다는 생각은 해본 적도 없이 자신이 하나님이 되는 것처럼 착각하고 있다. 심지어 어떤 설교자는 약간 신령한 말이나 행동을 하면서 이것을 하나님이 계시했다는 직통계시를 주장하다가 이단으로 정죄된 경우도 있다.

교회 생활에는 분명 '의와 평강과 희락'이 있어야 한다. 이전에는 공중의 권세 잡은 사탄의 종으로 살다가 이제는 예수 그리스도의 종이 된 사도 바울(롬 1:1)과 사도 베드로(벧후 1:1)처럼 의인으로서 옳고 합당한 성화의 길을 가야 한다. 하나님의 교회 안에 있는 그리스도인들은 다른 사람에게나 일에 있어서나, 올바르고 합당하게 해야 한다. 그리스도인은 잘못되거나 부당하거나 구부러지거나 기울어지거나 치우친 것이 전혀 없어야 한다. 다시 말해 자신에게 엄격해야 한다. 그래야만 다른 사람과 평강을 누릴 수 있다.

평강은 그리스도 안에서 하나님과 다른 사람들과의 관계에서 반드시 필요한 특징이다. 우리가 다른 사람들에게나 일에 있어서 의롭고 올바르고 합당하다면 모든 이들에게 평강이 있을 것이다. 그렇게 될 때에 우리는 성령 안에서 하나님과 함께 희락을 누리게 된다. 이러할 때 "제자들은 기쁨과 성령이 충만할 것이다"(행 13:52)라는 말씀이 나에게 이루어진다.

재물에 대한 지나친 욕심

셋째, 공수래공수거(空手來空手去)의 인생을 알아야 한다. 내가 청년 시절, 성경의 내용 가운데 빈손으로 왔다가 빈손으로 간다(딤전 6:7)는 공수래공수거와 정확하게 일치하는 말씀을 보고 놀란 적이 있었다. 이 말의 사전적인 의미는 사람의 일생이 허무함을 이르는 말이며, 또는 재물을 모으려고 너무 욕심을 내지 말라는 뜻을 포함하고 있다.

우리는 세상에 아무것도 가지고 온 것이 없다. 그래서 아무것도 가지고 갈 것이 없다. 태어날 때에 주먹을 불끈 쥐고 무엇인가 해 보겠다고 울었지만, 떠날 때는 빈손으로 간다. 이것이 사람이다. 그런데도 자신이 먹을 것과 입을 것이 있다는 데 만족하지 않고, 부자가 되려고 애를 쓰다가 어리석고 해로운 정욕에 떨어져 침륜과 멸망에 빠지고 만다.

돈이 자기를 찌른다

넷째, 결국 돈으로 인하여 미혹을 받아 믿음에서 떠나 많은 근심으로써 자기를 찔렀다. 이것이 돈을 사랑한 결과다. 교회 생활에서 의와 평강과 희락이 없다면, 미안하지만 성령이 떠난 것이다. 특히 교회가 평강이 없다는 것은 성령이 없다는 것이다. 매일 목사와 신도들이 강단을 서로 점령하고, 비자금 출처를 소명하라고 외치는 교회, 교회 건축으로 막대한 부채를 지고 경매 물건이 되는 곳, 심지어 목사파와 반대파가 철조망으로 둘 사이를 막고 하나님을 부르는 모습에 누가 성령이 계신다고 할 수 있는가.

돈을 사랑하면 반드시 미혹에 빠진다. 왜냐하면 돈이 가장 큰 우상이기 때문이다. 어느 교회 목사는 돈이 너무 많다 보니 그 돈으로 여 신도와의 불륜을 행하다가 쫓겨났다. 교회 목사가 무엇이 아쉬워서 비자금이 필요한가. 한국 교회의 대표가 된다는 교회들이 천문학적인 비자금의 문제로 쟁점화되자, 구원파보다 더 나쁘다고 비난을 받는 것이 오늘날 한국 교회의 현실이다. 이것은 정상적인 그리스도인들의 모습이 아니다.

금송아지를 심판하신 하나님

이와 관련하여 구약의 '금송아지 문제'를 생각해 보자.

"백성이 모세가 산에서 내려옴이 더딤을 보고 모여 백성이 아론에게 이르러 말하되 일어나라 우리를 위하여 우리를 인도할 신을 만들라 이 모세 곧 우리를 애굽 땅에서 인도하여 낸 사람은 어찌 되었는지 알지 못함이니라 아론이 그들에게 이르되 너희의 아내와 자녀의 귀에서 금

고리를 빼어 내게로 가져오라 모든 백성이 그 귀에서 금 고리를 빼어 아론에게로 가져가매 아론이 그들의 손에서 금 고리를 받아 부어서 조각칼로 새겨 송아지 형상을 만드니 그들이 말하되 이스라엘아 이는 너희를 애굽 땅에서 인도하여 낸 너희의 신이로다 하는지라 아론이 보고 그 앞에 제단을 쌓고 이에 아론이 공포하여 이르되 내일은 여호와의 절일이니라 하니 이튿날에 그들이 일찍이 일어나 번제를 드리며 화목제를 드리고 백성이 앉아서 먹고 마시며 일어나서 뛰놀더라 여호와께서 모세에게 이르시되 너는 내려가라 네가 애굽 땅에서 인도하여 낸 네 백성이 부패하였도다"(출 32:1-7).

위 말씀의 핵심은 금송아지를 만든 아론의 모습이다. 이때의 이스라엘 백성은 율법이 완성되기도 전에 우상 숭배의 죄에 빠졌다. 그들은 십계명 중에서 "너는 나 외에는 다른 신들을 네게 두지 말라 너를 위하여 새긴 우상을 만들지 말고 또 위로 하늘에 있는 것이나 아래로 땅에 있는 것이나 땅 아래 물 속에 있는 것의 어떤 형상도 만들지 말며"(출 20:3-4)라는 앞의 두 계명을 어겼다. 백성은 모세가 자신들을 대신하여 시내 산 꼭대기에서 주님과 만나고 있다는 것을 잊어버리고, 아론에게 그들을 위한 신을 만들어 달라고 말했다.

이때 아론은 그들을 심히 꾸짖었어야 했다. 그러나 아론은 "너희 아내와 자녀의 귀의 금 고리를 빼어 내게로 가져오라"고 했다. 그런 다음 아론은 백성에게서 금을 받아 그것으로 송아지 형상을 만들었다. 그러자 백성은 "이스라엘아 이는 너희를 애굽 땅에서 인도하여 낸 너희의 신이로다"라고 말했다. 그리고 아론은 그 앞에 단을 쌓고, 다음날에 주님의 절기라고 공포했다. 백성은 이튿날에 일찍 일어나 번제를 드리며 화목제를 드렸다. 그들은 아론이 만든 금송아지 앞으로 제물들을 가져왔다. 백성은 올바른 제물을 바쳤으나 결국 그것은 우상에게 바쳐졌다. 경배하는 방법은 옳았을 수도 있으나, 경배의 대상은 잘못되었다.

이것이 문제다. 이런 세속적인 혼잡이 오늘날 한국 교회에서도 그대로 발견되고 있다는 것이다. 아론과 같은 기독교 지도자들이 '금송아지'를 스스로 만들어서 신도들로 하여금 그것을 경배하도록 하고 있다.

사도 바울은 "그러므로 먹고 마시는 것과 절기나 초하루나 안식일을 이유로 누구든지 너희를 비판하지 못하게 하라"(골 2:16)고 하였다. 먹는 것과 마시는 것은 매일 있는 것이다. 절기는 매년 있는 것이고, 월삭인 매월 첫날의 축제는 매달 있는 것이며, 안식일은 매주 있는 것이다. 매일, 매주, 매달, 매년 곧 우리의 전부요 전체라는 모든 것을 포함한 광대하신 그리스도인데도 불구하고 우리는 특정의 금송아지를 만들어 그것을 경배토록 하면서 그리스도를 세상 것으로 대체하고 있다.

초호화판 교회 건물이 우상이 되고 있다. 사업과 일이 우상이 되고 있다. 썩어지지 아니하는 하나님의 영광을 썩어질 사람과 금수와 버러지 형상의 우상으로 바꾸었다(롬 1:23). 처음에는 "형제가 연합하여 동거함이 어찌 그리 선하고 아름다운고"(시 133:1) 하면서 성도들이 모여서 시작했던 일들이 결국은 돈을 중시하는 금송아지로 변하는 경우가 많다. 이것이 세월호 침몰 사건이요, 뉴욕타임스 2014년 7월 27일자 특집 기사에서 '몰락 앞의 탐욕'(Greed before the fall)이라고 강조한 내용이다.

모세는 우상을 숭배하는 아론과 사람들을 철저하게 다루었다.

> "모세가 진 문에 서서 이르되 누구든지 여호와의 편에 있는 자는 내게로 나아오라 하매 레위 자손이 다 모여 그에게로 가는지라"(출 32:26).

레위 자손이 모세에게로 모였을 때에 그들로 하여금 형제들인 자기 백성을 도륙하도록 했다. 무려 이 일로 3천 명이 죽었다(출 32:28). 우리가 이것을 이해할 수 있다고 생각하는가? 그 결과 레위 자손은 이스라엘 백성을 대신하여 하나님의 제사장이 됨으로써 그 형제들과 구별되었다(신 33:8-10). 이제 레위 자손은 금송아지를 경배했던 자들과는 완전하게 구분되었다. 이들은 아무리 가까운 친척이라 할지라도 우상을 경배했다는 이유로 모두 죽였다. 바로 오늘의 우리 자신들이다.

우리는 십자가에서 모두 죽었다. 우리 옛 사람이 예수와 함께 십자가에 못 박혔다(롬 6:6). 우리에게도 금송아지 숭배자들이 많이 있다. 이들을 죽게 해야 우리가 아론과 같이 제사장이 된다. 당초에 하나님은 이스라엘 온 나라가 제사장 나라가 되며 거룩한 백성이 되기를 원했다(출 19:6). 하지만 금송아지 숭배로 인하여 이스라엘 자손 대다수가 제사장 직분을 잃었다. 오늘날 수많은 그리스도인들이 있다. 그들이 다 제사장들인가? 그들 중 대다수는 금송아지 숭배자들이다. 그들은 돈을 숭배하는 불순한 자들이다.

하나님의 의도는 그리스도 안에 있는 모든 믿는 자들인 하나님의 자녀들이 제사장이 되는 것이었다.

> "그들로 우리 하나님 앞에서 나라와 제사장들을 삼으셨으니 그들이 땅에서 왕 노릇 하리로다 하더라"(계 5:10).

바로 우리에게는 이 땅에서 왕 중의 왕과 함께 왕 노릇이라는 영광스런 소망이 있다.

그러나 수세기에 걸쳐 불순한 경배, 금송아지 숭배가 많은 그리스도인들을 제사장으로서 하나님을 섬기는 데 부적합하게 했다. 우리는 구약에서 한 족속이 있었던 것처럼, 오늘날 불순한 경배를 거절함으로써 제사장의 직분을 유지하는 소수가 있음을 감사해야 할 것이다. 우리는 금송아지 사건을 이스라엘 역사의 한 부분으로 기억해서는 안 된다. 왜냐하면 이 모든 원칙들이 오늘날에도 그대로 적용되고 있기 때문이다. 이 시대의 우상이 탐심이라는 것을 재확인할 필요가 있다. 제사장들이 된 레위 지파는 소수였다.

> "그러므로 땅에 있는 지체를 죽이라 곧 음란과 부정과 사욕과 악한 정욕과 탐심이니 탐심은 우상 숭배니라"(골 3:5).

09

십일조는 그리스도인의 당연한 의무다
_ 히브리서 7:4

"이 멜기세덱은 살렘 왕이요 지극히 높으신 하나님의 제사장이라 여러 왕을 쳐서 죽이고 돌아오는 아브라함을 만나 복을 빈 자라 아브라함이 모든 것의 십분의 일을 그에게 나누어 주니라 그 이름을 해석하면 먼저는 의의 왕이요 그 다음은 살렘 왕이니 곧 평강의 왕이요 아버지도 없고 어머니도 없고 족보도 없고 시작한 날도 없고 생명의 끝도 없어 하나님의 아들과 닮아서 항상 제사장으로 있느니라 이 사람이 얼마나 높은가를 생각해 보라 조상 아브라함도 노략물 중 *'십분의 일'을 그에게 주었느니라*"(히 7:1-4).

"만군의 여호와가 이르노라 너희의 온전한 십일조를 창고에 들여 나의 집에 양식이 있게 하고 그것으로 나를 시험하여 내가 하늘 문을 열고 너희에게 복을 쌓을 곳이 없도록 붓지 아니하나 보라"(말 3:10).

아브라함의 십일조

성경 속에 '십일조'라는 말이 처음으로 등장한 것은 창세기 14장에서다. 아브라함이 소돔과 고모라가 있는 시날 지역의 다섯 왕들과 싸움에서 이기고 돌아올 때에 대제사장인 살렘 왕 멜기세덱에게서 '떡과 포도주'의 축복을 받고, 전쟁에서 얻은 전리품의 '십분의 일'을 멜기세덱 왕에게 바쳤던 것에서 시작한다(창 14:17-20).

여기서 멜기세덱은 바로 평강과 의의 왕이신 예수 그리스도를 예표한다. 이것은 우리의 대제사장이신 그리스도께서 왕이실 뿐만 아니라 우리의 "길이요 진리요 생명"(요 14:6)이시며 신성함을 지니신 분임을 말하고 있다.

예수님은 그의 제자들에게 마지막 만찬을 기하여 '떡과 포도주'를 그들에게 공급하셨다(마 26:26-27). 멜기세덱의 축복과 놀랍게도 일치한다. 예수님 자신은 떡에 대하여 "이는 내 몸이니라"(마 26:26)고 말씀하셨고, 포도주에 대하여는 "이는 내 피라"(마 26:28)고 말씀하셨다. 우리는 '떡과 포도주'를 매일 먹고 마심으로써 온전한 그리스도인이 되어야 하며, 감사함으로 드리는 가장 기본적인 예물이 십일조다.

따라서 전리품의 십분의 일을 멜기세덱에게 주었다는 사실은 멜기세덱이 아브라함보다 위대하다는 증거다. 그가 바로 그리스도이기 때문이다. 아브라함의 전리품은 조카 롯을 구하는 전쟁에서 승리한 대가다. 특이하게 창세기 14장은 이방 나라들과의 전쟁을 다룬다. 롯은 하나님의 주권하에 있는 아브라함의 보호를 떠나 세상에서 행했던 자의 모습이다. 바로 패배한 그리스도의 전형이다. 그러나 아브라함은 부르심을 받은 자(창 12:1-7)로서 형제를 위하여 싸웠고, 또 이김으로써 멜기세덱의 축복을 받았다(창 14:18-20).

오늘 우리 그리스도인들도 한 사람의 아브라함이어야 한다. 우리의 육신은 영의 형제이지만 그 속에 '한 사람의 범죄로 인하여 사망이 그 한 사람으로 말미암아 왕 노릇'(롬 5:17)하고 있음을 깨달아야 한다. 이 사망은 우리 육신 속에 있는 죄의 법(롬 7:23)이다. 죄의 법 아래 있는 우리의 생각과 감정과 의지는 우리 자신이요, 대적으로서 이방의 왕들이다. 이것은 '마침내 불의가 드러났다'(겔 28:15), 사탄의 불의가 드러났다는 것이다.

"더욱 은혜와 의의 선물을 넘치게 받는 자들은 한 분 예수 그리스도를 통하여 생명 안에서 왕 노릇 하리로다"(롬 5:17)는 말씀과 같이 우리는 의의 병기로서(롬 6:13) 불의와의 전쟁에서 이들을 반드시 죽일 필요가 있다. 그래야만 생명 안에서 왕 노릇 하는 변화된 정상적인 그리스도인이 된다. 우리가 승리할 때에 멜기세덱이 은혜와 의의 선물을 가지고 우리를 찾아올 것이며, 우리의 승리를 축하할 것이다.

멜기세덱인 대제사장 그리스도는 지금 하늘에서 우리를 위해 중보기도를 하고 있기 때문에 우리가 승리의 생활을 할 수 있으며, 그분에게 십일조와 헌물을 드리는 것이다. 그뿐 아니라 구약시대에는 이스라엘 민족의 제사장들에게 십일조를 드렸으며, 신약시대에 와서는 모든 그리스도인은 당연하게 그리스도의 몸인 교회를 위하여 감사함으로 십일조를 드려야 한다.

구약에서의 십일조는 성전에서 봉사하는 책임을 맡은 레위인(민 18:21-24)과 성전 내의 각종 행사나 성전 기구의 수리와 보수(신 14:23-27), 그리고 고아와 나그네 등 가난한 이웃(신 14:28-29)을 위하여 쓰였다. 다시 말해 하나님이 거하시는 성전을 운영하기 위하여 십일조를 드렸다는 말이다. 그러므로 신약시대의 십일조는 성전이 하나님의 몸인 교회로 바뀌면서 교회를 위하여 드리도록 되어 있는 그리스도인의 의무라 할 수 있다.

교회를 통하여 복음을 모르는 세상 사람들에게 하나님의 복음을 전하기 위하여 나의 십일조를 드려야 한다. 내 모든 것의 십분의 일은 하나님의 몫이라는 의미다. 십일조를 통해서 모든 것이 하나님에게서 왔음을 인식하고 만물이 하나님의 소유요, 오직 사람은 하나님의 은혜로만 살아갈 수 있음을 가르치고자 하신 최소한의 기준이다.

우리의 완전한 드림

하나님은 우리의 완전한 드림을 원하신다.

"그 땅의 십분의 일 곧 그 땅의 곡식이나 나무의 열매는 그 십분의 일은 여호와의 것이니 여호와의 성물이라"(레 27:30).

천지 만물은 모두 하나님의 것이다. 그러기에 하나님은 우리의 시간, 능력, 소유, 힘, 우리가 가진 모든 것, 우리가 할 수 있는 모든 것을 그분께 전적으로 드리는 것을 원하신다. 그래서 십일조는 나를 주님께 맡기는 최소한의 기본이다. 다시 말해 우리 믿음의 가장 기본적인 확증이 십일조라 할 수 있다.

하나님은 우리를 위하여 자신이 직접 아들의 몸으로 이 땅에 오셔서 33년 동안 사람으로 사시다가, 우리의 죄를 위하여 십자가에 못 박혀 죽으심으로 우리를 의롭게 하셨고, 부활하심으로써 우리의 생명이 되셨다. 그리고 승천하여 하나님 우편에 대제사장으로서 앉아 계신다. 그분은 오순절에 이 땅에 성령을 보내셔서 지금 우리 안에 살아 계신 하나님이 되신다. 그리고 이 땅에 만왕의 왕으로서 다시 오실 것이다. 바로 이것이 우리 믿음의 실체다.

따라서 십일조는 믿음의 실체에 대한 보증이요, 내가 세상의 권세 아래 있는 것이 아니라, 하나님의 경륜과 주관 하에 있음을 확증하는 것이다. 그래서 십일조는 그만큼 귀중한 것이다.

십일조에 대한 말라기서 말씀을 더 보자.

"만군의 여호와가 이르노라 너희 조상들의 날로부터 너희가 나의 규례를 떠나 지키지 아니하였도다 그런즉 내게로 돌아오라 그리하면 나도 너희에게로 돌아가리라 하였더니 너희가 이르기를 우리가 어떻게 하여야 돌아가리이까 하는도다 사람이 어찌 하나님의 것을 도둑질하겠느냐 그러나 너희는 나의 것을 도둑질하고도 말하기를 우리가 어떻게 주의 것을 도둑질하였나이까 하는도다 이는 곧 십일조와 봉헌물이라 너희 곧 온 나라가 나의 것을 도둑질하였으므로 너희가 저주를 받았느니라 만군의 여호와가 이르노라 너희의 온전한 십일조를 창고에 들여 나의 집에 양식이 있게 하고 그것으로 나를 시험하여 내가 하늘 문을 열고 너희에게 복을 쌓을 곳이 없도록 붓지 아니하나 보라 만군의 여호와가 이르노라 내가 너희를 위하여 메뚜기를 금하여 너희 토지 소산을 먹어 없애지 못하게 하며 너희 밭의 포도나무 열매가 기한 전에 떨어지지 않게 하리니 너희 땅이 아름다워지므로 모든 이방인들이 너희를 복되다 하리라 만군의 여호와의 말이니라"(말 3:7-12).

말라기는 하나님의 백성이 하나님의 십일조와 헌물을 도둑질했다고 말하고 있다. 여호와께서 자기 백성을 돌아오라고 훈계한 후에 저주가 그들에게 임하지 않도록 하나님의 십일조와 헌물을 도둑질하지 말라고 권하고 있다. 이것은 당연하게 드려야 하는 것을 드리지 않고 있기 때문이다. 하나님은 땅의 모든 소산에서 십일조를 바쳐야 한다는 원칙을 세우셨기 때문이다(레 27:30). 그리고 온전한 십일조를 창고에 들여 하나님의 집에 양식이 있게 하라고 말씀하고 있다. 하나님의 양식은 번제물과 소제물과 화목제물 등 신성한 제물들이다.

이같이 온전한 십일조를 드릴 때에 그에 상응한 축복이 함께한다는 것이다. 죄악 속에 빠진 이스라엘 백성이 여호와께 돌아가는 방법이 십일조와 헌물이었다. 우리도 마찬가지다.

그리스도인의 당연한 의무

십일조가 얼마나 큰일이기에 하나님은 "나를 시험하라"고 하셨겠는가? 말라기 선지자는 이스라엘 백성이 성전이 완성되었음에도 불구하고 여전히 타락하여 형식적인 예배를 드리면서 온전한 십일조를 드리지 못하고 있음을 한탄했다. 하나님은 십일조의 많고 적음이 아니라 거룩하고 온전한 십일조를 원하셨다. 거룩함이란 세상과 구별됨을 말한다. 이 세상에서 오직 구별된 한 분인 예수 그리스도에게 전적으로 의지하여 드릴 때에 그것이 온전한 십일조다. 하나님은 바리새인처럼 십일조를 자랑하며 큰소리로 외치는 것보다는 "나는 죄인입니다"라고 애통하는 세리와 과부의 예물을 더욱 귀하게 보신다.

오늘날도 마찬가지다. 십일조는 하나님을 섬기는 가장 기본적인 의무다. 그리고 아브라함은 땅에 속한 물질의 유혹을 이겼다.

> "네 말이 내가 아브람으로 치부하게 하였다 할까 하여 네게 속한 것은 실 한 오라기나 들메끈 한 가닥도 내가 가지지 아니하리라"(창 14:23).

그는 전쟁에서 승리함으로써 불의한 환경을 의로운 환경으로 바꾸었다. 그 결과 의와 평강을 얻었다. 이것은 소돔 왕으로 인하여 아브라함의 부요함이 온 것이 아니라, 천지의 주재시요, 지극히 높으신 하나님에게서 온 것임을 선포하는 것이었다.

오늘날 정상적인 그리스도인의 부요함은 우리의 배후에 예수님의 중보기도가 있음을 알아야 한다. 그러나 그리스도인들이 생명을 받았다고 하면서도 하나님의 충고를 무시하고 자기의 생각과 감정과 의지와 인생관, 철학 등 자신의 방식대로 살고 있다. 정상적인 그리스도인의 길을 가지 아니하고, 탐욕에 사로잡혀 하나님의 창고에 쌓을 십일조를 도둑질하고 있다.

> "화 있을진저 외식하는 서기관들과 바리새인들이여 너희가 박하와 회향과 근채의 십일조는 드리되 율법의 더 중한 바 정의와 긍휼과 믿음은 버렸도다 그러나 이것도 행하고 저것도 버리지 말아야 할지니라" (마 23:23).

우리가 십일조를 당연한 의무로 바칠 때에 먹어치우는 황충을 꾸짖어 토지의 소산을 멸하지 못하게 하며, 밭에 있는 포도나무의 과일이 기한 전에 떨어지지 않게 하실 것이라는 분명한 말씀을 주셨다. 우리는 십일조의 비밀을 알았던 최고의 부자 록펠러를 기억한다. 그리스도인들이 자신의 주변에서 사건 사고가 일어날 때에 '먹어치우는 황충'이 아닌가를 생각하면서 십일조 문제를 다시 점검하여 말씀에 순종하는 자가 되어야겠다.

10

두렵고 떨림으로 너희 구원을 이루라
_ 빌립보서 2:12

"그러므로 나의 사랑하는 자들아 너희가 나 있을 때뿐 아니라 더욱 지금 나 없을 때에도 *항상 복종하여 두렵고 떨림으로 너희 구원을 이루라* 너희 안에서 행하시는 이는 하나님이시니 자기의 기쁘신 뜻을 위하여 너희에게 소원을 두고 행하게 하시나니 모든 일을 원망과 시비가 없이 하라 이는 너희가 흠이 없고 순전하여 어그러지고 거스르는 세대 가운데서 하나님의 흠 없는 자녀로 세상에서 그들 가운데 빛들로 나타내며 생명의 말씀을 밝혀 나의 달음질이 헛되지 아니하고 수고도 헛되지 아니함으로 그리스도의 날에 내가 자랑할 것이 있게 하려 함이라"
(빌 2:12-16).

구원을 얻을 것이다

우리는 생명 안에서 육신적인 것으로부터 구원받아야 한다. 우리는 구원받고, 의롭다 함을 받고, 하나님과 화목 된 뒤에도 여전히 하나님의 생명 안에서 구원받아야 할 필요가 있다. 우리는 십자가 위에서 소극적 측면인 구속과 칭의와 화목은 해결되었다. 그러나 적극적인 측면에서의 하나님의 목적이 이룩되기 위해서는 생명 안에서의 구원이 필요하다.

하나님의 최종 목적은 현숙한 여인으로 표현되는 신부인 교회를 세우는 것이다. 이것이 생명 안에서 구원을 이루어 가는 것이다.

"곧 우리가 원수 되었을 때에 그의 아들의 죽으심으로 말미암아 하나님과 화목하게 되었은즉 화목하게 된 자로서는 더욱 그의 살아나심으로 말미암아 구원을 받을 것이니라"(롬 5:10).

우리는 하나님과 화목된 후에도 여전히 살아나심의 생명 안에서 생활의 구원을 받아야 한다. 우리는 십자가에 의해서 그리스도의 죽음을 통해 단번에 구원받았다. 그러나 여전히 현재의 수많은 문제들 곧 죄들에서 구원받아야 한다.

예수님은 이에 대한 정확한 답을 주셨다.

"시몬 베드로가 이르되 주여 내 발뿐 아니라 손과 머리도 씻어 주옵소서 예수께서 이르시되 이미 목욕한 자는 발밖에 씻을 필요가 없느니라"(요 13:9-10).

예수님이 최후의 만찬 자리에서 저녁을 먹는 중에 일어나 겉옷을 벗고, 수건을 가져다가 허리에 두르고 대야에 물을 담아 제자들의 발을 씻기실 때에 성질 급한 베드로가 "이러시면 안 됩니다. 제 발은 절대로 씻을 수 없습니다"라고 하자, 예수님은 "내가 너를 씻어 주지 아니하면 네가 나와 상관이 없느니라"(요 13:8)고 했을 때의 모습이다.

예수님은 이미 목욕한 자는 곧 구원받은 자는 밖에서 묻어 온 먼지, 곧 세상에 살면서 저지른 죄는 생명의 말씀인 물로 그때그때 씻어야 한다는 것을 제자들에게 가르치셨다. 지금도 중동 지역에서 자기 집에 손님이 찾아올 때에 최고의 접대는 제일 먼저 대야에 물을 떠다가 발을 씻어주는 것이 관습으로 남아 있다. 중동은 먼지가 많은 사막지대다. 세상은 중동과 같은 먼지가 많은 사막이다. 이것은 성경의 배경이 된 중동이 사막지대인 이유다. 이 비밀도 크다. 교회사 속에 예수님의 이런 모습의 진정한 뜻이 왜곡되면서 종교적인 의식으로 남아서 이슬람에서는 예배 직전에 반드시 손발을 씻는 '우드'라는 의식이 있으며, 많은 종교들은 자신들이 믿는 신 앞에 제사할 때에 몸을 씻는 경우를 본다.

생명 안에서의 성장

본문으로 돌아가자. 사도 바울은 현재 자신이 옥중에 있기 때문에 매우 간곡한 표현으로 당부한다.

"항상 복종하여 두렵고 떨림으로 너희 구원을 이루라."

그리스도인은 순종을 생활화해야 한다. 왜냐하면 한 사람의 불순종으로 죄와 사망이 왔기 때문이다. 그러나 한 사람 예수 그리스도의 순종으로 말미암아 의와 생명이 왔다. 예수님은 "나는 길이요 진리요 생명이니 나로 말미암지 않고는 아버지께로 올 자가 없느니라"(요 14:6)고 자신 있게 말씀하셨다. 이 세상 역사에서 이만큼 확신에 찬 말씀을 한 사람은 예수님 외에는 아무도 없다. 이것이 그리스도인들의 자부심이다. 우리는 그분 앞에 순종해야 한다. 예수님의 십자가를 통해 구원과 칭의와 화목을 얻었다. 이것은 사탄의 종으로 살다가 이제는 예수 그리스도의 종(롬 1:1)으로서 위치상으로 변화되었음을 말한다.

이제는 그리스도 안에서 그분의 생명을 살아야 할 성분상의 변화가 일어나야 한다. 간단히 말해, 생명 안에서 성장해야 한다는 말이다. 모든 생물에게는 그 나름의 생명의 법이 있다. 새는 나는 것이 생명의 법이다. 개는 짖는 것이 생명의 법이다. 닭은 알을 낳는 것이 생명의 법이다. 사과나무는 사과를 맺는 것이 생명의 법이다. 곡식들은 곡식을 맺는 것이 생명의 법이다. 이것들은 가르칠 필요가 없다.

그동안 우리의 타락한 생명 역시 죄와 사망의 법을 가지고 있었다. 내가 화를 내고 싶어서 화를 내는가. 내 안에 죄의 법이 있기 때문이다. 그러나 우리는 그리스도 안에 있는 '생명의 성령의 법'을 받았다. 그리스도인들은 영원하고 신성한 생명, 하나님 자신인 생명을 갖고 있다. 생명이란 하나님의 인격의 표현이다. 따라서 구원과 칭의와 화목이 이루어진 십자가와 부활의 생명은 싹

이 나고 자라야 알곡이 된다. 알곡이 되기 위해서는 성분상의 구원, 곧 그리스도 안의 "생명의 성령의 법"(롬 8:2)에 순종하여 구원을 완성해 가야 한다.

좀더 쉽게 말하면 그리스도의 생명을 받은 우리는 일상생활 가운데 일반적인 상황 속에서 직면하는 생활 속의 문제들에서 구원을 받는 것이다. 왜냐하면 "육신의 생각은 사망이요 영의 생각은 생명과 평안이니라"(롬 8:6)고 말씀했기 때문이다.

접붙여진 생명

로마서에서 가장 강조하는 것은 생명의 문제다. 왜냐하면 그리스도인들의 정상적인 생활은 주님과의 관계이며, 이것은 전적으로 생명의 문제이기 때문이다. 사도 바울은 생명의 문제를 설명할 때에 신성한 생명의 분배에 대하여 세 가지를 강조하고 있다.

첫째는 우리가 하나님을 내용물로 담는 존귀와 영광의 그릇들이다(롬 9:21-23). 둘째는 생명의 결합인 결혼 생활이다(롬 7:4). 결혼식장에서 신부가 머리에 면사포를 쓰는 것은 신랑과 신부가 하나 되는 의미다. 서양에서는 결혼을 하면 신부는 남편의 이름을 쓰게 되어 있다. 지극히 성경적이다. 이것은 그리스도는 우리의 남편이요, 우리는 그분의 신부임을 나타내는 그림자다. 셋째는 돌감람나무가 참감람나무에 접붙임 되는 것이다(롬 11:17-24). 접붙임은 두 생명이 결합하여 유기적으로 함께 성장하는 비밀이다.

실제로 자신이 신성한 생명에 접붙여진 귀한 생명임을 아는 그리스도인들은 그렇게 많지 않다. "그 날에는 내가 아버지 안에, 너희가 내 안에, 내가 너희 안에 있는 것을 너희가 알리라"(요 14:20)는 말씀을 체험하는 생활이 있어야 한다. 따라서 사도 바울은 로마서에서 생명에 관한 많은 말씀을 전하고 있다.

"더욱 그의 살아나심으로 말미암아 구원을 받을 것이니라"(롬 5:10).

"생명 안에서 왕 노릇하리로다"(롬 5:17).

"우리로 또한 새 생명 가운데서 행하게 하려 함이라"(롬 6:4).

"생명의 성령의 법"(롬 8:2).

"영의 생각은 생명과 평안이니라"(롬 8:6).

"영은 의로 말미암아 살아 있는 것이니라"(롬 8:10).

"그리스도 예수를 죽은 자 가운데서 살리신 이가 너희 안에 거하시는 그의 영으로 말미암아 너희 죽을 몸도 살리시리라"(롬 8:11).

바로 우리 속에 있는 그리스도의 생명이 성숙을 통하여 그리스도 예수가 더이상 단순한 독생자가 아니라, 많은 형제들 중에 맏아들이 되신 것이다. 이것이 생명의 믿음이다.

믿음의 단계

당신은 현재의 믿음이 어느 단계에 있다고 생각하는가? 우리가 로마서를 묵상할 때에 믿음에는 단계가 있음을 알 수 있다. 첫째, 의인은 믿음으로 살리라는 칭의의 단계다. 둘째, 거룩함을 얻어가는 성화의 단계다. 셋째, 그리스도의 몸의 단계다. 넷째, 몸의 생활인 교회의 단계다. 물론 이 네 단계는 그 순서가 완전하게 구분되는 것은 아닐지라도, 최소한 자신의 믿음의 수준을 가늠할 수 있다. 많은 그리스도인들이 믿음으로 구원받으면 되었지, 그 이상 무엇이 더 필요하느냐고 물을 때, 그들은 칭의 단계에 있는 것이다. 이들은 성장하지 못한 어린아이와 같은 믿음에 만족하면서 종교적인 이상한 행동을 한다.

그 대표적인 사례가 특정인을 마치 이단들의 교주처럼 우상화한다든지, 자신들만의 믿음이 최고라는 자만으로 가득 차 있는 것이다. 이에 비하여 성경 말씀을 생활화하고 있는 그리스도인들은 주님의 은혜로 더 깊은 생명을 추구한다. 그들은 칭의로만 만족하지 않고, 더 전진되고, 더 높고 풍성한 깊은 것을 추구한다. 그래서 로마서 8장의 성화의 단계, 그리고 12장의 몸의 단계를 거쳐 16장의 교회 생활의 단계에 이르는 사랑의 깊이를 체험한다.

우리는 "그리스도의 사랑을 알고 그 너비와 길이와 높이와 깊이가 어떠함을 깨달아 하나님의 모든 충만하신 것으로 너희에게 충만하게 하시기를 구하노라"(엡 3:18-19)는 말씀이 성경 말씀으로만 있는 것이 아니라, 그 말씀의 깊이를 깨달음으로 내 안에 그리스도로 충만한 삶을 살 수 있도록 구원을 이루어 가야 한다.

원망과 시비가 없게

뿐만 아니라 모든 일을 원망과 시비가 없게 하라(빌 2:14). 교회 생활 가운데 원망과 시비가 없을 수는 없지만 이 같은 원망과 시비는 내 안에 거주하고 있는 죄의 법에 의하여 조종을 받고 있다는 증거다. 이 같은 불평은 우리의 감정에 속한 것으로 생각과 의지와 더불어 우리의 혼의 작용이다. 죄의 법은 바로 혼의 작용을 지배하고 있다. 이것이 우리의 몸을 통제함으로써 구원을 완성하는 데 방해가 되는 실체로서 그리스도를 온전하게 체험하는 데 방해가 되고 있다.

그래서 앞에서 묵상했던 로마서 12장에서는 "아무에게도 악을 악으로 갚지 말고 모든 사람 앞에서 선한 일을 도모하라 할 수 있거든 너희로서는 모든 사람과 더불어 화목하라"(롬 12:17-18)고 말한다. 우리가 '선한 일을 도모하라'고 하는 것은 우리가 하나님 앞에서뿐만 아니라 사람들 앞에서 살고 있기 때문에 사람들 보기에도 선한 일에 대하여 미리 생각해야 한다는 것이다. 교회 생활에서 그리스도인의 정상적인 생활은 다른 사람들과 함께 기뻐할 수 있고 함께 울 수 있는 마음이 필요하다. 그리고 항상 모든 일에 원망과 시비가 없어야 한다.

다시 강조하거니와 "하나님의 나라는 먹는 것과 마시는 것이 아니요 오직 성령 안에 있는 의와 평강과 희락이라"(롬 14:17). 하나님의 나라 곧 오늘의 교회 생활은 먹고 마시는 육신을 만족케 하는 것이 아니라 우리의 내적인 성장을 말씀하고 있기에 이 말씀을 항상 명심해야 한다. 의는 자신의 불의를 의로 바꾸는 것이요, 평강은 타인들과 화평하게 지내는 것이다. 희락은 성령 안에서 생명의 법에 의하여 기쁨을 누리는 것이다.

흠이 없는 자녀

또한 흠 없는 자녀로서 세상 가운데 빛이 되어야 한다(빌 2:15). 이 세상은 어그러지고 거슬리는 세대, 곧 패역한 세대가 지배하는 곳이다. 이 세대는 누구인가?

> "너는 이것을 알라 말세에 고통하는 때가 이르러 사람들이 자기를 사랑하며 돈을 사랑하며 자랑하며 교만하며 비방하며 부모를 거역하며 감사하지 아니하며 거룩하지 아니하며 무정하며 원통함을 풀지 아니하며 모함하며 절제하지 못하며 사나우며 선한 것을 좋아하지 아니하며 배신하며 조급하며 자만하며 쾌락을 사랑하기를 하나님 사랑하는 것보다 더하며 경건의 모양은 있으나 경건의 능력은 부인하니 이같은 자들에게서 네가 돌아서라"(딤후 3:1-5).

우리는 이런 세대 가운데서 순결하고 흠이 없어야 한다. 흠이 없기 위해서는 정상적인 삶을 사는 그리스도인이 되어야 한다. 왜냐하면 유월절 양인 예수님은 흠과 점이 없었다. 우리는 이런 세상에서 빛이 되어야 한다. 우리는 우리 자신으로서는 어떤 빛도 낼 수 없다. 그러나 그리스도는 해다. 교회는 달이다. 우리 믿는 이들은 행성들이다. 우리는 생명의 말씀을 밝혀서 나의 달음질과 수고가 헛되지 않아야 된다. 이제 우리는 다른 사람에게 밝히고 제시할 생명의 빛인 말씀을 갖고 있다. 이 빛을 전해야 하는 정상적인 그리스도인으로서 막중한 책임이 있다.

사도로 자랑케 하자

마지막으로 그리스도의 날에 사도로 하여금 자랑할 것이 있어야 한다(빌 2:16). 그리스도의 날, 곧 주님이 다시 오실 때에 내가 그리스도의 생명으로 올바르게 살았다는 것을 직고함으로써 사도로서의 기쁨이 넘쳐야 한다. 사도 바울은 이렇게 권고하고 있다.

> "마음을 같이하여 같은 사랑을 가지고 뜻을 합하며 한마음을 품어 아무 일에든지 다툼이나 허영으로 하지 말고 오직 겸손한 마음으로 각각 자기보다 남을 낫게 여기고 각각 자기 일을 돌볼 뿐더러 또한 각각 다른 사람들의 일을 돌보아 나의 기쁨을 충만하게 하라 너희 안에 이 마음을 품으라 곧 그리스도 예수의 마음이니"(빌 2:2-5).

교회 속에 돌아보아야 할 어려운 성도들이 많이 있다. 어느 성도는 폐지까지 팔아서 귀중한 헌금을 냈다. 그러나 그런 성도들이

나이 많아 늙어 너무나 외롭게 보내고 있다.

우리는 그리스도를 본받았던 바울을 본으로 취하여 하나님의 구원을 완성하는 교회 생활을 해야 한다.

"너희 안에 이 마음을 품으라 곧 그리스도 예수의 마음이니"(빌 2:5).
"내가 그리스도와 함께 십자가에 못 박혔나니 그런즉 이제는 내가 사는 것이 아니요 오직 내 안에 그리스도께서 사시는 것이라"(골 2:20).

우리는 사도 바울과 함께 동역자가 되어야 한다. 따라서 '구원을 이루라'는 말씀은 생명의 말씀을 붙드는 것이고, 비추는 것이고, 가르치는 것이며, 그리스도의 삶을 살아내는 것이다.

예수 그리스도가 다시 오시는 인자의 때는 노아의 때와 같다고 했다(마 24:37). 지금이 그런 시대다. 노아는 멸망에서 구원을 받았을 뿐만 아니라 악한 세대에서 새로운 세대 안으로 구원을 받았다. 지금 이 시대에도 하나님은 이 패역한 세대에서 벗어나라고 경고하셨지만 많은 그리스도인들은 여전히 그 안에 깊이 뿌리를 내리고 있다. 정상적인 그리스도인은 이에서 과감히 떠나야 한다. 구원받은 사람은 멸망하지 않는다. 그러나 하나님의 권위에 참여하기 위해서는 어그러지고 거스르는 세대에서 당신을 구원해 주는, 더 전진되고 더 높은 생활에서의 구원이 필요하다. 이것이 두렵고 떨림으로 우리의 구원을 이루는 것이다.

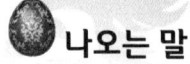 나오는 말

지금까지 로마서 12장을 중심으로 관련된 몇 가지를 묵상했다. 로마서가 중요한 것은 구원받은 그리스도인들이 정상적인 생활을 통하여 그리스도의 몸인 교회를 바로 세우는 데 있다. 우리가 교회를 세워가는 데 최대의 장애요인이 무엇이라 생각하는가?

바로 우리 자신이다. 사도 바울이 로마서 4장에서 아브라함이 행위로 의롭다 함을 얻은 것이 아니라, 믿음으로 의롭다 함을 얻은 예증으로 한 장을 사용하는 이유를 알아야 한다. 믿음의 조상이 된 아브라함마저도 한때 자신을 극복하지 못한, 일순간의 불순종으로 인하여 인류 전체에게 부담이 된 사실을 생각이나 했는가? 행위로써 의롭게 하려고 몸종인 하갈을 통해 이스마엘을 낳았다. 그 결과 자신의 백성인 이스라엘과 그리스도의 백성인 교회에 큰 상처를 주었다. 오늘날 중동과 세계 곳곳에서 이슬람과 기독교의 갈등이 이를 증명한다.

우리는 자기 자신을 그리스도에게로 옮겨야 한다. 우리의 자신은 혼의 역할이다. 우리의 생각과 감정과 의지는 바로 혼의 작용에서 비롯되고 있다.

"평강의 하나님이 친히 너희를 온전히 거룩하게 하시고 또 너희의 온 영과 혼과 몸이 우리 주 예수 그리스도께서 강림하실 때에 흠 없게 보전되기를 원하노라"(살전 5:23).

사람은 영과 혼과 몸으로 구성되었다. 영은 그리스도의 생명의 영이 있는 곳이다. 혼은 우리 자신 곧 생각과 감정과 의지가 자리하는 곳이다. 몸은 사탄의 죄의 법이 지배하는 곳이다. 우리의 '혼'인 자신이 하나님의 "생명의 성령의 법"(롬 8:2)에 의해서 성장할 때에 정상적인 그리스도인이 된다.

우리 그리스도인은 자신에게서 그리스도에게로 변화되는 것이다. 그리고 그리스도 안에서 자라가야 한다. 우리가 육신적인 생각과 감정이나 의지 속에 있다면 하나 될 수 없다. 교회에서 '귀한 그릇'이 될 수 없다. 이것은 로마서뿐 아니라 성경 전체의 과제이다. 그리스도인들이 생각 속에 갖고 있는 윤리, 도덕, 사상, 전통 등은 교회를 세우는 데 하나 되지 못한다. 우리의 감정을 제어하기가 어렵다. 그리고 우리의 의지는 개인주의적인 것이 강하다. 바로 이것들이 2천 년 교회사에서 분열이 거듭되고, 정상적인 교회가 세워지지 못하게 하는 가장 큰 장애요인이다.

로마서 12장은 교회의 완성인 새 예루살렘(계 21:2)을 완성해 가는 출발이다. 새 예루살렘을 향하여 앞으로도 그리스도인들의 정상적인 생활을 찾아가는 노력을 계속할 것이다.

2부

믿음의 소리

"나는 참포도나무요 내 아버지는 농부라 무릇 내게 붙어 있어 열매를 맺지 아니하는 가지는 아버지께서 그것을 제거해 버리시고 무릇 열매를 맺는 가지는 더 열매를 맺게 하려 하여 그것을 깨끗하게 하시느니라"(요 15:1-2).

"그의 나귀를 포도나무에 매며 그의 암나귀 새끼를 아름다운 포도나무에 맬 것이며 또 그 옷을 포도주에 빨며 그의 복장을 포도즙에 빨리로다"(창 49:11).

01

우리 주 예수 그리스도의 하나님

"*우리 주 예수 그리스도의 하나님, 영광의 아버지께서* 지혜와 계시의 영을 너희에게 주사 하나님을 알게 하시고 너희 마음의 눈을 밝히사 그의 부르심의 소망이 무엇이며 성도 안에서 그 기업의 영광의 풍성함이 무엇이며 그의 힘의 위력으로 역사하심을 따라 믿는 우리에게 베푸신 능력의 지극히 크심이 어떠한 것을 너희로 알게 하시기를 구하노라"(엡 1:17-19).

이 말씀은 에베소교회 성도들을 향한 사도 바울의 기도다. 기도 가운데 특별히 '주 예수 그리스도의 하나님'이라고 부르는 이유는 무엇인가? 우리가 성경을 읽고 묵상하다 보면 하나님, 여호와(야훼), 주님, 예수, 그리스도라는 표현을 보게 된다. 특히 어떤 때는 하나님, 여호와 그리고 여호와 하나님, 예수 그리스도, 주 예수 그리스도, 그리스도 예수 등의 표현을 볼 때마다 왜 이렇게 표현하고 있는지에 대하여 깊이 있게 생각하면서 말씀을 묵상하는 성도들은 그렇게 많지 않다.

하나님은 우주 만물의 창조의 하나님으로 존재하신다. 여호와(야훼)라는 이름은 창세기 2장 4절에 처음 등장하면서 하나님이 사람과 관계를 맺으면서 여호와 하나님으로 나타난다. 그리고 예수님은 말씀이 육신이 되어 오신 분이다(요 1:14). 그리스도는 부활 승천하시고 또한 우리 안에 거하신 하나님이다.

창조주 하나님

우선 유대인들은 창조주 하나님만을 믿는다. 이들은 말씀이 육신이 되신 성육신이나 거듭남 등에 대한 관념이 없다. 그래서 유대인들은 '엘로힘'이라는 복수형태의 하나님이란 표현을 쓰고 있는데, 이는 창조주요 지배자로서 절대적인 힘과 권위를 지닌 하나님의 속성을 강조한 호칭이다. 원래 하나님(God)이란 영어 단어는 '엘로힘'이란 히브리어의 번역이다.

그리고 하나님의 고유한 호칭으로서 여호와(Jehovah)가 등장한다.

> 원어로는 '스스로 있는 자'다. 히브리인들은 부정한 입술을 가진 인간이 거룩하신 하나님의 이름을 함부로 입에 담을 수 없다는 생각에서 '스스로 있는 자'란 뜻을 가진 네 개의 히브리어 자음 'YHWH'(야웨, 야훼, 야흐웨)를 사용하였다. 히브리 자음에 붙어

야 하는 모음이 불확실하기 때문에 실제로 사용되고 있는 '여호와'라는 발음은 불명확한 형태다.

그러다가 바벨론 포로기 이후의 후대로 오면서 'YHWH'의 자음을 발음하는 것마저도 사용을 금지하고 '주'(主)를 뜻하는 '아도나이'라는 호칭으로 대치하여 사용하게 되었다. 오늘날 우리가 사용하는 '여호와'란 명칭은 '야훼'를 가리키는 히브리어 네 자음에 '아도나이'의 모음이 합성된 하나님의 이름이다."(《성경관용어사전》, 생명의말씀사, p.875)

그래서 이 용어들은 유대 백성과 관계되는 구원이나 언약의 성취와 관련하여 사용하는 유일무이한 이름이며, 신약에 오면서 여호와(야웨)라는 호칭은 '하나님'이나 '주'로 고정화된다.

"그러므로 너희가 그리스도 예수를 '주'로 받았으니 그 안에서 행하라"
(골 2:6).

이제 우리는 그리스도의 부활 안에서 그분이 우리의 주가 되셨다. 이것은 인류가 타락한 이후 주인이신 하나님을 잃어버리고, 세상의 권세 잡은 자 곧 사탄을 주인으로 하면서 인생을 살다가 이제는 예수 그리스도를 영접하고, 그분의 부활과 승천에 참여함으로써 "그리스도와 연합한 자"(롬 6:5)로서 그리스도 예수를 주인으로 모시는 새 사람이 되었다. 이것이 바로 우리 인생들이 잃었던 주인을 다시 찾은 것이다.

"그런즉 이스라엘 온 집이 정녕 알지니 너희가 십자가에 못 박은 이 예수를 하나님이 '주와 그리스도'가 되게 하셨느니라"(행 2:36).

따라서 본문의 "주 예수 그리스도의 하나님, 영광의 아버지"라는 호칭은 의미하는 바가 매우 크다. 우리의 '주'는 창조주 하나님이다.

"태초에 말씀이 계시니라 이 말씀이 하나님과 함께 계셨으니 이 말씀은 곧 하나님이시니라 그가 태초에 하나님과 함께 계셨고 만물이 그로 말미암아 지은 바 되었으니 지은 것이 하나도 그가 없이는 된 것이 없느니라"(요 1:1-3).

'주'는 태초에 말씀하신 분으로서 영원 전에 계신 하나님이시다. 태초에 일하시기 전에(잠 8:22-31), 시간이 시작되기 전인 영원한 때(딛 1:2), 만세 전(고전 2:7)에, 그리고 "나는 처음부터 너희에게 말하여 온 자"(요 8:25)이신 그분이 우리의 주인이 되신 하나님이다.

성육신의 하나님

'예수'라는 의미는 말씀이 육신이 되어 오신 성육신의 하나님이다. 인성을 지니신 하나님이다. 태초의 하나님은 신성은 있으셨지만 인성은 없으셨다. 그런데 그분이 인성을 입고 이 땅에 오신 것이다. 예수는 만물을 창조하시고(요 1:3), 육체가 되셨으며(요 1:14), 세상의 죄를 없애는 어린양(요 1:29)이시다. 이제는 성도들이 교회를 세울 수 있도록 산돌들로 변화시키는 성령이 되시며(요 1:32), 영원 안에서 다시 오실 분이다. 더욱이 예수님이 하시는 일은 아버지와 하나 되게 하는 일이다.

"내가 아버지 안에 거하고 아버지는 내 안에 계신 것을 네가 믿지 아니하느냐 내가 너희에게 이르는 말은 스스로 하는 것이 아니라 아버지께서 내 안에 계셔서 그의 일을 하시는 것이라"(요 14:10).

또한 구약의 '여호와는 구원자'라는 '여호수아'와 같은 의미를 포함하고 있다.

기름 부음을 받은 그리스도

'그리스도'라는 이름은 '기름 부음을 받은 자'란 뜻의 히브리어 '메시아'의 헬라어 표현이다. 신약은 헬라어로 기록되었다. '기름 부음을 받는다'는 뜻은 하나님의 것으로 거룩하게 구별된다는 의미가 담겨 있다. 구약시대에는 제사장이나 왕, 선지자 등 하나님께 구별된 일꾼들이 기름 부음을 받았다. 결국 메시아 곧 그리스도란 예수에게 부여된 세 직분인 선지자, 왕, 제사장직의 의미가 내포되어 있는 거룩한 이름이다.

> "여자가 이르되 메시야 곧 그리스도라 하는 이가 오실 줄을 내가 아노니 그가 오시면 모든 것을 우리에게 알려 주시리이다 예수께서 이르시되 네게 말하는 내가 그라 하시니라"(요 4:25-26).

따라서 그리스도라는 이름은 직무 곧 주님의 위임에 따른 칭호다. 이는 하나님의 비밀로서 하나님의 체현이며 생명이다(골 2:2).

영광의 아버지

더불어 '하나님의 아들'이라는 칭호가 있다. 이 칭호는 주님의 지위와 품격을 이르는 칭호다. 그분의 '아들'은 하나님의 생명에 대한 것이고(요 1:4), 그분의 위임인 그리스도는 하나님의 일에 대한 것이다. 주님 예수는 하나님의 아들로서 하나님인 그리스도이시다. 결국 아들과 생명은 하나다. 주님은 하나님의 생명으로서 하나님을 위하여 일하시는데, 이것은 사람이 주님을 믿음으로 하나님의 생명을 얻어 하나님의 많은 아들들이 되도록 하시기 위한 것이다. 그러므로 하나님의 아들이 있는 사람에게는 생명이 있고, 하나님의 아들이 없는 사람에게는 생명이 없다. 또한 그 아들은 그리스도로서 하나님의 생명으로 일하시어 몸인 교회를 세우려

하는 것이다(고전 12:12).

따라서 "우리 주 예수 그리스도의 하나님, 영광의 아버지"라는 명칭 안에는 우리가 기억하고 묵상해야 하는 성도들의 가장 근본이 되는 믿음의 요소들이 있다. 바로 삼위일체 하나님이다. 창조 전에는 하나님 곧 '주' 외에 아무것도 존재하지 않았다. 그러다가 하나님은 우주와 그 가운데 만물을 지으셨다. 그분은 창조의 역사로 말미암아 창조주가 되셨다.

창조 후에 사람이 타락함으로써 성육신의 단계를 거치심으로 피조물인 사람 안으로 오셔서 **"그 날에는 내가 아버지 안에, 너희가 내 안에, 내가 너희 안에 있는 것을 너희가 알리라"**(요 14:20)는 거듭남을 말씀하고 있다. 이것은 성육신으로 말미암아 창조주와 그분의 피조물이 하나가 되었다는 것을 뜻한다. 다시 말해 주님이신 아버지와 예수이신 아들과 그리스도이신 성령, 곧 삼위일체 하나님을 함께 부르는 하나님의 거룩한 칭호요, 하나님의 비밀인 그리스도시다(골 2:2).

그리고 마지막의 '영광의 아버지'란 하나님이 그분의 많은 아들들을 통하여 나타나신 바 된 것이다. 여기의 '아버지'라는 명칭은 우리가 거듭남으로써 부르는 이름임을 내포하며, '영광'이라는 말은 그리스도의 나타남을 의미한다. 따라서 '영광의 아버지'라는 명칭은 거듭남과 그분의 나타냄을 내포하고 있다. 바로 우리가 육체의 부활의 영광을 얻게 될 것이다.

02

'흑암의 권세'와 바울

"우리로 하여금 빛 가운데서 성도의 기업의 부분을 얻기에 합당하게 하신 아버지께 감사하게 하시기를 원하노라 그가 우리를 **흑암의 권세에서 건져내사** 그의 사랑의 아들의 나라로 옮기셨으니 그 아들 안에서 우리가 속량 곧 죄 사함을 얻었도다"(골 1:12-14).

"만일 사탄이 사탄을 쫓아내면 스스로 분쟁하는 것이니 그리하고야 어떻게 그의 나라가 서겠느냐"(마 12:26).

"우리의 씨름은 혈과 육을 상대하는 것이 아니요 **통치자들과 권세들과 이 어둠의 세상 주관자들과 하늘에 있는 악의 영들을** 상대함이라"(엡 6:12).

사도 바울이 골로새서를 쓴 배경에는 세상 문화가 교회 생활 안으로 들어온 데 있다. 골로새 지역은 유대인과 이방인이 섞여 살았다. 대체로 유대인은 유대의 종교사상에 매몰되어 있었고, 이방 헬라인들은 그리스 문화와 그 철학의 영향 아래 있었다. 그러나 당시의 헬라 철학은 순수하지 않았다. 오히려 사람들의 유전과 관습의 여러 가지 잡다한 철학들을 혼합하고 있었다.

거기에다 이방인의 문화는 유대인의 종교적인 관념과도 섞여짐으로써 야기되는 혼합된 문화가 골로새교회에 밀려들어왔다. 일종의 종교적인 금욕주의는 의문에 속한 계명(골 2:20-21)과 유대인의 의식(골 2:16)과 관계를 갖고 있었다. 그리고 천사숭배(골 2:18)와 관계를 가진 영지주의 등이 그리스도를 대치하고 있었다. 즉 그리스도 외의 모든 것들에게서 자유스러울 수가 없었다.

오늘 우리도 마찬가지다. 이들의 철학과 윤리와 금욕주의와 의식에 집착했을 때에 우리는 흑암의 권세 곧 공중의 권세 잡은 자(엡 2:2) 아래에 있게 된다. 그래서 사도 바울은 골로새 성도들이 흑암의 권세에서 벗어나서 그리스도로 사는 삶을 제시하고 있다..

흑암의 권세

사도 바울이 지적한 흑암의 권세란 구체적으로 무엇인가? 바로 어둠과 사탄의 권세다. 이것은 공중에 있는 악한 자의 권세(엡 6:12)이며, 사탄의 나라인 어둠의 권세다(마 12:26). 골로새서 1장 13절의 흑암의 권세는 몇 가지를 포함하고 있다. 첫째, 할례 등 유대 종교다. 둘째, 당시 헬라인의 의식과 철학과 신비주의, 영지주의, 금욕주의 등을 포함하고 있다. 셋째, 그리스도인들의 관습과 전통 그리고 경직된 제도화 등이다. 이러한 것들은 골로새서를 기록할 당시는 물론 여전히 기독교 역사 속에서 어둠이 되고 있다. 어둠 안에 있다는 것은 그리스도의 빛이 없는 것이다. 오늘날 기독교를 포함한 사회의 모든 면들이 이 어둠의 권세 아래에 있다. 그래서 종교적인 사람이든 비종교적인 사람이든 간에 인류는 다 어둠 속에 있다는 것이 성경적인 관점이기에 우리는 여기서 벗어나야 한다.

예수님은 유대의 종교인들을 다루실 때에 그들을 소경이라고 하셨다(마 15:14). 요한복음 12장 46절에서는 **"나는 빛으로 세상에 왔나니 무릇 나를 믿는 자로 어둠에 거하지 않게 하려 함이로라"** 고 말씀하시면서 사람들이 주님이 없는 어둠에 있다는 것을 알게 하신 것이다. 더 나아가 **"나는 세상의 빛이니 나를 따르는 자는 어둠에 다니지 아니하고 생명의 빛을 얻으리라"**(요 8:12)고 했다. 주님의 이 말씀은 누구든지 그분을 생명의 빛으로 받지 않는 사람들은 빛을 얻지 못하고 어둠 속에 다니리라는 것을 가리킨다.

우리는 복음서와 사도행전 등을 유심히 묵상할 때에 유대교는 완전히 흑암 권세의 조종 아래 있음을 본다. 그리고 흑암의 권세인 사탄도 하나님 나라와 대응해서 "저의 나라"(마 12:26)를 갖고 있다. 사탄은 세상의 왕(요 12:31)이고, 공중의 권세 잡은 통치자다(엡 2:2). 그에게는 그의 권세(행 26:18)와 그의 천사들(마 25:41)이 있는데, 그의 천사들은 그의 부하들로서 통치자들과 권세자들과 이 어둠의 세상 주관자들이다(엡 6:12). 따라서 그들에게는 흑암의 권세인 그의 나라가 있다. 우리는 바로 흑암의 권세에서 흑암의 주관자들로부터 벗어나 생명의 빛을 간직해야 한다.

종교에서 벗어난 바울

이에 대표적인 인물이 사도 바울이다.

"사울이 주의 제자들에 대하여 여전히 위협과 살기가 등등하여 대제사장에게 가서 다메섹 여러 회당에 가져갈 공문을 청하니 이는 만일 그 도를 따르는 사람을 만나면 남녀를 막론하고 결박하여 예루살렘으로 잡아오려 함이라 사울이 길을 가다가 다메섹에 가까이 이르더니 홀연히 하늘로부터 빛이 그를 둘러 비추는지라 땅에 엎드러져 들으매 소리가 있어 이르시되 사울아 사울아 네가 어찌하여 나를 박해하느냐 하시거늘 대답하되 주여 누구시니이까 이르시되 나는 네가 박해하는 예수라"(행 9:1-5).

다소의 사울은 흑암 권세의 조종 아래 있는 종교인들 중의 하나였다. 그것도 자신의 동족이요 형제들을 종교가 다르다 해서 무참하게 핍박하고 잡아가는 사탄의 앞잡이로 활동했다. 그러나 다메섹 도상에서 "사울아, 사울아" 부르는 예수님의 음성을 듣고 "뉘시오니이까"라고 묻자 "나는 네가 핍박하는 예수라"고 했을 때에 생명의 빛을 받았다. 이제 변화된 바울은 하나님의 사랑의 아들의 나라에 들어감으로써 예수 안에 갇힌 자로서 하늘에 속한 이상을 보았다.

바울은 하나님의 몸인 교회를 증거하는 에베소서 3장과 4장의 서두에서 자신은 로마의 감옥에 있음에도 불구하고 '예수 안에 갇힌 자'임을 분명하게 밝히고 있다. 그는 갇힌 자로서 그리스도의 비밀인 교회(엡 3:4)를 성도들에게 증거하는 데 전력을 다하고 있다. 우리도 그 이상을 보아야 한다.

03

헬라 철학과 영지주의

1) 헬라 철학

"바울이 아덴에서 그들을 기다리다가 그 성에 우상이 가득한 것을 보고 마음에 격분하여 회당에서는 유대인과 경건한 사람들과 또 장터에서는 날마다 만나는 사람들과 변론하니 *어떤 에피쿠로스와 스토아 철학자들도* 바울과 쟁론할새 어떤 사람은 이르되 이 말쟁이가 무슨 말을 하고자 하느냐 하고 어떤 사람은 이르되 이방 신들을 전하는 사람인가 보다 하니 이는 바울이 예수와 부활을 전하기 때문이러라"(행 17:16-18).
"바울이 아레오바고 가운데 서서 말하되 아덴 사람들아 너희를 보니 범사에 종교심이 많도다"(행 17:22).

사도 바울은 갇힌 자로서, 청지기로서, 사역자로서의 세 가지 사명이 있었다. 먼저는 그리스도 안에 갇힌 자로서 하늘에 속한 이상을 봄으로써 더욱더 그리스도에 대한 체험을 하고 그리스도를 얻게 되었다. 그리고 그리스도의 풍성을 하나님의 가족들 곧 교회에 나누어 주는 일꾼인 청지기로서의 사명이었다. 뿐만 아니라 그리스도가 몸 안에서 표현되도록 몸의 지체들인 성도들에게 그리스도를 공급하는 사명을 완수함으로써 우리의 본이 되었다. 이러한 사명을 가진 바울이 우상이 가득한 그리스의 아덴에 이르렀을 때에 회당에서는 유대인과 경건한 사람들인 종교인들, 그리고 저자(시장)에서는 헬라 철학자들과 논쟁이 생겼다.

에피쿠로스 철학

당시 헬라의 대표적인 철학은 본문에서 언급한 에피쿠로스와 스도이고 철학이었다. 에피쿠로스 철학자들은 헬라의 철학자 에피쿠로스(Epicurus, BC 341-270)를 따르는 사람들이다. 그들은 유물론(唯物論)으로 창조자와 온 세상에 대한 그분의 경륜을 인정하지 않고 감각적인 쾌락, 특히 먹고 마시는 것을 추구하는 자들이다. 다시 말해 그들은 장래 일을 고려하지 않고 감각적인 쾌락을 추구하는 쾌락주의자들이라 할 수 있다.

바울이 **"죽은 자가 다시 살아나지 못한다면 내일 죽을 터이니 먹고 마시자 하리라"**(고전 15:32)고 말할 때 그의 마음 속에는 이 철학자들이 있었던 것 같다. 만일 그들이 말한 대로 우리에게 부활이 없다면 우리는 장래의 소망이 없을 것이며 모든 사람 가운데 가장 불쌍한 자가 될 것이다(고전 15:19). 더욱이 바울은 빌립보 사람들에게 **"그들의 마침은 멸망이요 그들의 신은 배요 그 영광은 그들의 부끄러움에 있고 땅의 일을 생각하는 자라"**(빌 3:19)고 말한 것은 이 같은 에피쿠로스 철학자들을 의식했다는 것으로 볼 수 있다. 그들은 자신의 배가 곧 신이다. 우리는 몸을 다룰 때에 물질적인 요소가 필요하지만 과도한 물질적인 욕구에 빠져서는 안 된다. 더욱이 안 되는 이유는 십자가가 육체의 욕망에 빠지는 것을 끝냈기 때문이다(갈 5:4).

스토아 철학

스토아 철학자들은 제논(Zenon, BC 340-265)에 의해 확립된 철학이다. 그들은 범신론자들로서 모든 것은 운명에 의해 지배되며 모든 사건들은 신의 뜻의 결과임을 믿는다. 또한 사람들은 그것들을 조용히 받아들이고 모든 걱정과 슬픔과 기쁨이 없어야 한다고 믿는다. 그들은 최고의 선은 윤리 도덕이고 이것은 영혼에 대한 보상이라고 강조한다. 이는 금욕주의적 의미를 담고 있다.

사도 바울은 **"내가 궁핍하므로 말하는 것이 아니니라 어떠한 형편에든지 나는 자족하기를 배웠노니"**(빌 4:11)라고 말한다. 이것은 사람은 마땅히 기쁠 때나 고통을 당할 때나 모든 환경에서 자족해야 한다는 당시 스토아 학파와 약간의 같은 입장을 보이는 면도 있다. 따라서 바울은 자족하는 비결을 배운 것에 대하여 간증

하면서 이러한 표현을 사용했다. 이것은 바울이 성도들로 하여금 영혼과 몸을 다루도록 돕기 위해서 **내 주 그리스도 예수를 아는 지식이 가장 고상하기 때문이라**"(빌 3:8)는 빌립보서 3장을 썼다. 그러나 바울 자신은 스토아 철학자들보다 더 큰 이상을 보고 있음을 알 수 있다.

2) 영지주의

"누가 철학과 헛된 속임수로 너희를 사로잡을까 주의하라 이것은 사람의 전통과 세상의 초등학문을 따름이요 그리스도를 따름이 아니니라"(골 2:8).

"거짓말하는 자가 누구냐 예수께서 그리스도이심을 부인하는 자가 아니냐 아버지와 아들을 부인하는 그가 적그리스도니"(요일 2:22).

"이로써 너희가 하나님의 영을 알지니 곧 예수 그리스도께서 육체로 오신 것을 시인하는 영마다 하나님께 속한 것이요 예수를 시인하지 아니하는 영마다 하나님께 속한 것이 아니니 이것이 곧 적그리스도의 영이니라……진리의 영과 미혹의 영을 이로써 아느니라"(요일 4:2-6).

초대 교회 당시 '예수께서 그리스도'이시라는 것을 부인하는 적그리스도와 그 하수인이었던 여러 이단들이 나타남으로써 '진리의 영과 미혹의 영'의 싸움이 시작되었다고 본다. 요한과 바울 등 사도들이 예수 그리스도를 증거하는 데 가장 큰 방해 요인이었던 것이 유대 종교와 헬라 철학과 문화 그리고 이를 이어받은 영지주의, 신비주의, 금욕주의 등 각종 주의(主義)들이 나타남으로써 치열한 영적 싸움의 모습이 신약 성경의 여러 서신서들에서 볼 수 있다. 그 중의 대표적인 이단 사상이 바로 영지주의다.

헛된 속임수인 영지주의

영지주의(靈知主義, Gnostisism)는 유대 철학과 동양 철학과 헬라 철학이 혼합된 것이며, 바로 헛된 속임수다. 영지주의는 영지(靈知)라는 특별한 영적 지식을 소유한 사람만이 신의 영역에 들어간다고 주장한다. 육체를 포함한 모든 물질은 무조건 악하고 지식(gnosis)만을 중요시한다. 지식이 구원의 필수 조건으로 덕보다 중요하며, 윤리나 양심은 중요하지 않으며, 창조주 하나님을 가장 열등한 신으로 보고 있다.

특히 예수님의 성육신을 부인하고 몸의 부활을 부인하고 있다. 이러한 미혹의 영들은 복음서와 서신서들과 계시록을 기록할 당시부터 그리스도의 인격에 대한 이단들로 나타났다. 즉 그리스도가 하나님이지 사람이 아니라는 이단, 그리스도가 사람이지 하나님이 아니라는 이단, 그리고 예수는 그리스도가 아니라는 이단들이 나타났다. 심지어 예수 그리스도는 실제의 사람이 아니라 유령으로서 다만 그렇게 보였다는 가현설(假現說)까지 나타났다.

바로 이들이 적그리스도의 영이요, 미혹의 영을 가진 거짓 선생들이며 기독교 2천 년 역사에 그대로 살아 있다. 이와 같은 거짓된 지식은 디모데에게도 맡겨진 것처럼 하나님의 참된 지식으로 대치해야 한다.

"디모데야 망령되고 헛된 말과 거짓된 지식의 반론을 피함으로 네게 부탁한 것을 지키라"(딤전 6:20).

만물의 근원을 밝힌 사도 바울

따라서 사도 바울은 영지주의에 대항해서 예수 그리스도는 "그는 보이지 아니하는 하나님의 형상이시요 모든 피조물보다 먼저 나신 이시니 만물이 그에게서 창조되되……만물이 다 그로 말미암고 그를 위하여 창조되었고 또한 그가 만물보다 먼저 계시고 만물이 그 안에 함께 섰느니라"(골 1:15-17)며 만물의 근원을 밝히고 있다. 그러기에 영지주의 등 이단들은 바로 사람의 유전, 곧 전통을 중시하고 있다. 전통은 문화와 관계가 있고, 문화에 근거를 두고 있다. 골로새에 있었던 영지주의 가르침은 사람의 전통에서 비롯된다. 하나님의 계시의 말씀에 근거한 것이 아니다 세상의 관습과 규례에 의한 것이다.

이를테면 로마 천주교회의 대표적인 전통인 마리아 숭배로 이는 우상 앞에 촛불을 갖다 놓는 것이다. 이들은 성경이 말하고 있는 것이 아닌 교회가 말하는 것이나 사제들이나 수녀들에게 배운

바를 고집한다. 마리아 숭배는 절대로 성경에 따른 것이 아니다. 그리고 촛불을 켜놓고 성자들에게 자신의 친척들을 연옥에서 보내야 할 시간을 단축시켜 달라고 기도하는 것은 성경에 따른 것이 아니지만 천주교 신자들은 전통 때문에 이를 고집한다.

이런 현상은 개신교에서도 보일 때가 있는데, 모양만 다를 뿐 전통과 관습이 하나님의 말씀보다 사람의 유전을 더 중시하고 있다. 이것이 바로 세상의 초등학문(갈 4:3)이요, 당시 유대인들과 헬라인들의 초보적인 가르침이다. 즉 고기를 먹는 것, 마시는 것, 씻는 것, 금욕주의, 그 외의 여러 가지가 종교적인 의식과 규례들로 이루어져 있었다.

현재도 살아 있는 헬라 철학과 영지주의

영지주의는 기독교 역사에서 그리스도인의 교훈과 관행 등이 뒤섞인 다양한 근원에서 차용되고 있다. 결국 사람들의 물질적인 몸과 모든 물질 세계는 악하다고 하는 헬라의 철학적인 관념과 연관되면서 초대 교회 이후 현대 교회까지 이어지는 동안 미혹의 영으로서 이들은 물질 세계와 연관이 있는 하늘과 땅의 만물이 악하다고 생각했다. 이것은 **"만물이 그에서 창조되되, 만물보다 먼저 계시고 만물이 그 안에 함께 섰으며, 만물의 으뜸이요, 모든 충만으로 예수 안에 거하신다"**(골 1:16-18)는 것을 혼란케 하는 것이다.

오늘날 우리는 사도 바울을 본받아야 한다. 다소의 사울은 유대 종교 안에서 훈련받았고, 헬라의 철학적인 문화 안에서 교육받았으며, 로마 정치의 환경 안에서 살았다. 그는 사울에서 바울이 되었다. 이제는 히브리, 헬라, 로마 문화의 교육을 받았지만 예수님에 의하여 예수님의 성령으로 새 사람이 되었다. 새 사람이 된 후에 바울은 히브리 종교나 헬라 철학이나 로마의 제도와 문화를 전파하지 않았다.

오직 바울은 말씀이 육신이 되시고, 십자가에 못 박히시고, 부활하시고, 승천하시고, 그리고 우리 안에 계시는 그리스도를 전파했다. 그가 아무리 높은 교육을 받았더라도 그는 그의 교육이나 지식을 전파하지 않았다. 오직 **"만유의 아버지시라 만유 위에 계시고 만유를 통일하시고 만유 가운데"**(엡 4:6) 계시는 그리스도를 전파했다.

그러나 오늘날 많은 사역자들은 바울이 해로 여기고 배설물, 곧 똥으로 여긴 화려한 경력의 육신을 자랑하면서 자신들이 배운 세상 초등학문을 그리스도로 대치하여 '공교한 말'(골 2:4)로 전파하고 있다.

> "그러므로 땅에 있는 지체를 죽이라 곧 음란과 부정과 사욕과 악한 정욕과 탐심이니 탐심은 우상 숭배니라"(골 3:5).

이것이 성령의 경고요, 사도 바울의 간청이다.

04

'어머니 하나님'은 이단의 괘변(卦變)
_성경 속에 나타난 두 여인

"내게 말하라 율법 아래에 있고자 하는 자들아 율법을 듣지 못하였느냐 기록된 바 아브라함에게 두 아들이 있으니 하나는 여종에게서, 하나는 자유 있는 여자에게서 났다 하였으며 여종에게서는 육체를 따라 났고 자유 있는 여자에게서는 약속으로 말미암았느니라 이것은 비유니 이 여자들은 두 언약이라 하나는 시내 산으로부터 종을 낳은 자니 곧 하갈이라 이 하갈은 아라비아에 있는 시내 산으로서 지금 있는 예루살렘과 같은 곳이니 그가 그 자녀들과 더불어 종 노릇 하고 오직 *위에 있는 예루살렘은 자유자니 곧 우리 어머니라*……그런즉 형제들아 우리는 여종의 자녀가 아니요 자유 있는 여자의 자녀니라"(갈 4:21-31). "하나님이 이르시되 우리의 형상을 따라 우리의 모양대로 우리가 사람을 만들고 그들로 바다의 물고기와 하늘의 새와 가축과 온 땅과 땅에 기는 모든 것을 다스리게 하자 하시고"(창 1:26).

세속화된 기독교가 이단을 용인

최근 한국 교회 내에는 성경 속의 새로운 비밀이라고 하면서 '어머니 하나님'을 주장하는 이단이 급속하게 성장하고 있다. 바로 '하나님의 교회'라는 거창한 이름을 갖고 있는 이단이다. 무려 200만의 신도를 앞세워, 이 시대에 자신들의 교주 '안상홍'이 구세주임을 주장하면서 부녀자와 대학생 등 젊은이들을 크게 미혹하고 있다. 그러나 이들이 얼마나 혹세무민하고 있는지에 대하여는 교회의 대응이 부족하다. 그 이유인즉 성도들이 성경 말씀에 대한 깊은 이해가 부족하기 때문이다.

그들이 "당신은 어머니 하나님을 아십니까?", "유월절 새 언약을 지키고 있습니까?" 등으로 질문하면서 접근할 때에 분명하게 그것이 이단이라고 답하는 성도들이 과연 얼마나 있을까. 오히려 교회에서 이런 말을 못 들었거나, 들었다 해도 분명하게 듣지 못했기 때문에 많은 성도들이 혹시나 새로운 말씀이라도 있는가 해서 관심을 보이다가 미혹되는 경우가 많이 있다.

특히 한국 교회가 그리스도에 대한 분명한 가르침이 없이 신도들을 먼저 교인 만드는 데 급급하여 종교 행위만을 강조하고 있다는 데 문제가 있다. 다시 말해 교회가 양적으로 팽창하면서 그리스도가 빠진 종교로 전락하고 있다. 그래서 하나님을 섬기되 그리스도가 빠진 채 행위로써 의롭게 하려는 모습(롬 4:1)만을 보이는 것이다. 한마디로 너무나 세속화된 현실이 문제다. 우리에게는 믿음으로 의롭게 된 그리스도인의 생활이 요구되고 있다.

두 여인에 대한 오해

그들은 성경 본문에서 말씀한 **"위에 있는 예루살렘은 자유자니 곧 우리 어머니라"**(갈 4:26), 이것을 금과옥조로 여기고 있다. 여기에 나오는 어머니라는 말씀이 무슨 뜻인지도 모르고, 단순하게 '우리 어머니'라는 말씀이 있지 않느냐 하고, 창세기 1장 26절의 **"우리의 형상을 따라 우리의 모양대로 우리가 사람을 만들고"**라는 말씀에서 하나님은 '우리'라고 했는데, '우리'는 복수이기 때문에 하나님은 한 분이 아니라 '아버지 하나님과 어머니 하나님' 두 분을 나타낸다고 주장한다. 이것이 대단한 발견인 양 자랑하면서 히브리인들이 부르고 있는 하나님도 '엘로힘'(Elohim)이라고 하는데, 이 말의 의미도 복수라는 것이다.

그러나 엘로힘이 복수인 것은 "우리의 형상을 따라 우리의 모양대로 우리가 사람을 만들고"에서 '우리'가 세 번 나오고 있음을 무시하고 있다. 이것은 바로 삼위일체 하나님이요, 우리가 그 아들의 형상을 본받게 하기 위하여 모든 것이 합력하여 선(善)을 이루게 한다(롬 8:28-29)는 근본적인 뜻을 모르는 데 있다.

성경에는 창세기부터 계시록까지 두 여인이 등장한다. 본문에서 보듯이 **"아브라함에게 두 아들이 있으니 하나는 여종에게서, 하나는 자유 있는 여자에게서 났다 하였으며"**(갈 4:22), 다시 말해 계집종인 '육체의 여인'과 자유하는 자인 '약속의 여인'이다(갈 4:23). 그래서 육체의 여인은 하갈이요, 약속의 여인은 사라다. 하갈은 이스마엘을 낳았고, 사라는 이삭을 낳았다. 이것은 비유로써 하갈은 율법이요, 사라는 약속(은혜)이다.

율법은 시내 산에서 주어졌으며, 율법으로 인하여 예수님을 십자가에 못 박았던 현 예루살렘은 당시 유대 종교의 어머니며, 약속인 은혜는 자유자로서 위 예루살렘이며, 이것이 우리의 믿음의 어머니. 위 예루살렘은 바로 **"새 하늘과 새 땅이 함께하는 거룩한 성 새 예루살렘"**(계 21:1-2)으로서 곧 믿음인 교회의 완성이다. 그리고 창세기 17장에서는 할례를 받은 이후 아브람은 열국의 아버지라는 '아브라함'으로, 사래는 열국의 어머니라는 '사라'로 바뀌었다(창 17:5, 16).

따라서 아브라함은 하나님의 부르심(롬 1:6)을 받은 믿는 족속의 아버지요, 그의 아내 사라는 믿는 족속의 어머니로서 자유자를 대표하고 있다. 우리 그리스도인은 하나님의 부르심을 받은 믿음의 아버지 아브라함과 믿음의 어머니 사라의 후손이다. 그러나 하갈은 육적이고 종교적인 믿지 않는 자의 어머니라는 의미다. 이와 같이 두 여인의 관계는 성경의 맥을 형성하는 두 흐름, 곧 세상의 바벨론인 음녀와 교회인 새 예루살렘인 현숙한 여인(잠 31:10)을 예표하고 있다. 아담은 피조물의 대표자지만 아브라함은 부르심의 대표자다. 이 비밀이 매우 크다.

행위의 길과 믿음의 길

이것은 다르게 말하면 율법을 지키면서 행위로 의롭게 하려는 길과 믿음으로 의롭게 되는 길(롬 4:1-3)이다. 곧 행위의 길과 믿음의 길이라는 두 길이다. 창세기의 시작과 함께 어둠과 빛이 있었다. 아담은 '생명과'의 믿음의 길을 떠나서 불순종하는 '선악과'의 행위의 길을 택했다. 이어지는 무화과 잎과 가죽 옷, 가인과 아벨, 아브람과 아브라함, 이스마엘과 이삭, 에서와 야곱, 와스디와 에스더, 예루살렘과 위(새) 예루살렘, 율법과 은혜(복음), 사울과 바울, 종의 자녀와 약속의 자녀 등 전자는 모두 육신의 행위와 연관되어 있으며, 후자는 모두 은혜와 약속과 믿음에 속해 있다.

사도 요한은 이에 대한 결론을 분명하게 제시하고 있다. 즉 '하나님의 영과 적그리스도의 영'으로 설명하고 있다.

> "예수를 시인하지 아니하는 영마다 하나님께 속한 것이 아니니 이것이 곧 적그리스도의 영이니라"(요일 4:3).

적그리스도의 영은 '미혹의 영'이요, 그리고 예수 그리스도를 시인하는 영은 '진리의 영'이라고 했다(요일 4:6). 오늘날 우리의 싸움은 바로 행위를 추구하는 육체인 미혹의 영과 성령 안에서 자유와 평안을 추구하는 진리의 영과의 싸움이다. 이것을 잘못 오해해서 어머니 하나님을 추구해야 된다는 이야기는 지극히 육신적이요, 종교적인 미혹의 영에 속한 것이다. 반면에 진리의 영에 의하여 추구하는 자유자는 우리의 믿음의 어머니다.

따라서 전자는 하갈과 같은 음녀(계 7:25)로, 다시 큰 음녀(계 17:1)인 큰 바벨론(계 17:5)으로 역사의 마무리를 장식할 것이다. 후자는 믿음의 현숙한 여인(잠 31:10)으로서 교회의 완성인 신부 곧 '어린양의 아내인 새 예루살렘'(계 21:2, 9)으로 새 하늘과 새 땅이 열릴 것이다.

하나님은 사랑이시다

하나님은 사랑이시다(요일 4:8). 그래서 성경의 맨 끝부분에는 하나님의 혼인잔치(계 19:9)가 기록되어 있다. 하나님이 사랑의 짝인 신부를 얻는 것이 역사의 목적, 곧 교회의 역사다. 사랑은 반드시 그 대상이 있어야 한다. 그 대상을 만들기 위해서 **"창세 전에 그리스도 안에서 우리를 택하사 우리로 사랑 안에서 그 앞에 거룩하고 흠이 없게 하시려고 그 기쁘신 뜻대로 우리를 예정하사 예수 그리스도로 말미암아 자기의 아들들이 되게 하셨으니"**(엡 1:4-5)라고 했다.

이 우주에 지구라는 땅도 만들기 전에 하나님은 그의 아들의 명분인 그리스도 안에서 사랑의 짝인 우리, 곧 교회를 예정하시고, 예수 그리스도가 십자가에 못 박혀 죽으시고 부활하심으로 말미암아 맏아들이 되시고, 그 안에서 많은 아들들이 되게 하셨다.

이것이 무한한 사랑이요 은혜다.

이 같은 긴 역사의 경륜 속에서 구약에서는 "**이는 너를 지으신 이가 네 남편(렘 3:14, 31:32; 호 2:16)이시라 그의 이름은 만군의 여호와이시며 네 구속자는 이스라엘의 거룩한 이시라 그는 온 땅의 하나님이라 일컬음을 받으실 것이라**"(사 54:5)고 하셨다. 그리고 신약에서는 "**내가 하나님의 열심으로 너희를 위하여 열심을 내노니 내가 너희를 정결한 처녀로 한 남편인 그리스도께 드리려고 중매함이로다**"(고후 11:2)라고 했다.

사도 바울은 중매자로서 사역을 담당했다. 우리는 하나님이 우주라는 무한함 속에서 이 땅(지구)을 위하고, 땅은 사람을 위하고, 사람은 하나님을 위하여 지음 받았다는 사실을 믿는 그리스도인들이 되어야 한다.

05

그리스도는 유월절 어린양

"여호와께서 애굽 땅에서 모세와 아론에게 일러 말씀하시되 이 달을 너희에게 달의 시작 곧 해의 첫 달이 되게 하고 너희는 이스라엘 온 회중에게 말하여 이르라 이 달 열흘에 너희 각자가 어린 양을 잡을지니 각 가족대로 그 식구를 위하여 어린 양을 취하되 그 어린 양에 대하여 식구가 너무 적으면 그 집의 이웃과 함께 사람 수를 따라서 하나를 잡고 각 사람이 먹을 수 있는 분량에 따라서 너희 어린 양을 계산할 것이며 너희 어린 양은 흠 없고 일 년 된 수컷으로 하되 양이나 염소 중에서 취하고 *이 달 열나흗날까지 간직하였다가* 해 질 때에 이스라엘 회중이 그 양을 잡고 그 피를 양을 먹을 집 좌우 문설주와 인방에 바르고 그 밤에 그 고기를 불에 구워 무교병과 쓴 나물과 아울러 먹되 날것으로나 물에 삶아서 먹지 말고 머리와 다리와 내장을 다 불에 구워 먹고 아침까지 남겨 두지 말며 아침까지 남은 것은 곧 불사르라 너희는 그것을 이렇게 먹을지니 허리에 띠를 띠고 발에 신을 신고 손에 지팡이를 잡고 급히 먹으라 이것이 여호와의 유월절이니라 내가 그 밤에 애굽 땅에 두루 다니며 사람이나 짐승을 막론하고 애굽 땅에 있는 모든 처음 난 것을 다 치고 애굽의 모든 신을 내가 심판하리라 나는 여호와라 내가 애굽 땅을 칠 때에 그 피가 너희가 사는 집에 있어서 너희를 위하여 표적이 될지라 **내가 피를 볼 때에 너희를 넘어가리니** 재앙이 너희에게 내려 멸하지 아니하리라 너희는 이 날을 기념하여 여호와의 절기를 삼아 영원한 규례로 대대로 지킬지니라"(출 12:1-14).

"보라 세상 죄를 지고 가는 하나님의 어린 양이로다"(요 1:29).

"우리의 유월절 양 곧 그리스도께서 희생되셨느니라"(고전 5:7).

성경 속의 유월절은 그리스도의 구속의 예표다. 출애굽기 12장은 성경 전체에서 유월절을 가장 명확하고 분명하게 설명하고 있다. 그러나 많은 성도들은 그리스도에 대한 분명한 그림을 보지 못한다. 예컨대 왜 어린 양의 피를 인방과 문설주에 발라야 하며, 우슬초 묶음으로 피를 묻히고, 고기와 더불어 쓴 나물을 먹어야 하는가. 그리고 흠이 없는 어린양, 무교병, 아빕월 14일, 급히 먹으라 등의 의미에 대하여 깊이 있게 살펴보지 못하고, 그 속에 남겨진 구속의 비밀을 묵상하지 못함으로써 많은 이단들의 헛소리에 귀를 기울이게 된다. 심지어 하나님의 교회라는 이단은 '새 언약 유월절을 회복하신 안상홍 님' 운운하면서 대학생을 비롯한 젊은이들과 부녀자를 미혹하는 현실까지 왔다.

구원의 표시인 유월절

유월절이란 말은 하나님의 심판이 우리를 넘어갔다는 것을 의미한다.

"내가 피를 볼 때에 너희를 넘어가리니 재앙이 너희에게 내려 멸하지 아니하리라"(출 12:13).

유월(逾越)이란 넘어가다(pass over)라는 의미다. 그러면 왜 그리스도가 우리의 유월절이라 하는가? 하나님은 이스라엘 백성의 집, 인방과 문설주에 유월절 어린양의 피를 보고 넘어가셨다. 그리고 집 안에 있는 자는 이스라엘 백성이든 이방인 종이든 간에 누구든지 어린양의 고기를 먹었다. 바로 그 집이 덮개가 되었다. 이 집은 그리스도의 예표다.

하나님은 심판을 집행하시면서 그 집의 인방과 문설주의 피를 보았을 때에 넘어가셨다. 결국 뿌려진 피 때문에 하나님은 넘어가셨다.

신약에서는 우리가 그리스도 안에 있음을 말하고 있다.

"너희는 유대인이나 헬라인이나 종이나 자유인이나 남자나 여자나 다 그리스도 예수 안에서 하나이니라"(갈 3:28).

하나님은 우리를 그리스도 안에 넣으셨고, 이제 우리는 그리스도 안에 있다. 그리스도가 우리를 덮고 있는 집이기 때문에 그분은 우리의 유월절이다. 그 집에 들어갈 수 있는 자격은 피 흘림이다.

"율법을 따라 거의 모든 물건이 피로써 정결하게 되나니 피흘림이 없은즉 사함이 없느니라"(히 9:22).

유월절은 해의 첫 달 14일 해질 때에 양을 잡도록 되어 있다. 히브리인들에게는 두 개의 달력이 있다. 하나는 종교적인 성역이요, 하나는 보통력이다. 마치 우리가 거듭남으로 인하여 세상의 달력과 나의 구원의 달력이 있는 것과 같다. 유월절은 이스라엘 백성의 구원의 날이다. 그래서 유월절은 성력으로써 첫째 달인 아빕(니산)월이다. 아빕월은 바벨론 포로 이후에는 니산월로 명명되었다. 이 달은 보통력에 의하면 일곱째 달이다. 출애굽기는 이 일곱째 달을 첫 달 아빕월로 지킨다(출 13:4). 아빕이라는 말은 '발아'를 의미하며 파란 밀 이삭을 말한다.

창세기의 노아 방주는 일곱째 달의 17일에 아라랏 산에 정박했다(창 8:4). 유월절은 이 달의 14일이다. 방주의 상륙은 17일이고, 유월절은 14일이다. 3일의 차이는 예수님의 부활의 예표다. 방주는 교회의 그림자이다. 예수님은 유월절 양으로서 제물이 되신 후에 3일 만에 부활, 승천하셨고 그리고 성령이 임함으로써 교회가 시작되었다. 이것이 하나님의 경륜의 비밀이다. 성경 속의 8은 부활의 숫자다. 노아 방주에서 살아난 사람은 8명이다. 부활 후 첫 날은 8일이다. 8일 만에 할례를 행한다.

온전하고 흠이 없는 어린양

유월절 어린양은 온전하고 흠이 없어야 한다. 유월절 어린양은 먼저 가족대로 취해야 한다(출 12:3). 어린양의 고기는 각 사람이 아닌 각 집을 위한 것이다. 하나님의 구원의 단위는 개인이 아니라 집이요 가정이다. 유월절의 대상은 이스라엘 백성 개인이 아니라 민족 전체다. **"오늘 구원이 이 집에 이르렀으니"**(눅 19:9)라고 삭개오에게 말씀하셨다.

"너와 네 집이 구원을 받으리라"(행 16:31).

이것은 하나님의 구원의 단위가 개인이 아니라 집임을 말해준다. 바로 하나님의 최종 목적은 많은 밀알들로 구성된 교회 곧 하나님의 신부라는 것이다.

다음으로 어린양은 흠이 없고, 일 년 된 수컷이어야 한다. 일 년 된 것은 신선하여 다른 어떤 목적에도 사용되지 않은 것임을 의미한다. 예수님은 하나님 보시기에 바로 그런 분이셨다. 뿐만 아니라 어린양은 이 달 10일에 취하여 14일 해질 때에 잡았다(출 12:3, 6). 예수님도 나흘간 흠이 없음에 대하여 검증을 받으셨다

(요 18:38, 19:4, 6). 그리고 어린양은 이스라엘 온 회중에 의해 죽임을 당했다(출 12:6). 예수님은 이스라엘과 로마에 의하여 죽임을 당했다. 우리 모두, 즉 나를 포함한 우리가 그분을 십자가에 못 박는 데 일익을 담당했다는 것을 아는 것이 복음이요, 진리다.

어린양의 고기는 우리의 생명을 위한 것

유월절 어린양의 고기는 우리의 생명을 위한 것이다(출 12:8-10). 신약의 요한복음은 생명의 복음이다. 예수님은 '**내 살은 참된 양식**'(요 6:55), '**내가 길이요 진리요 생명**'(요 14:6)이라고 하셨다. 우리에게는 구속을 위한 어린양의 피와 생명 공급을 위한 어린양의 고기가 있다.

그 어린양은 첫째로 불로 구워 먹어야 한다(출 12:8). 불은 바로 하나님의 심판의 표시다. 그리스도는 십자가에서 **"내가 목마르다"**(요 19:28)고 외치셨다. 이것은 그분이 하나님의 거룩한 심판의 불로 구워지고 있다는 증거다. 우리의 구원은 심판을 면하는 것이다.

둘째, 날것인 생으로 먹지 말라고 했다(출 12:9). 오늘날 세상 사람들은 그리스도를 모방하기 위한 위인 정도로 알고 있다. 이것이 날로 생으로 먹는 것이다. 그리스도는 위인이나 위대한 사람이 아니라 하나님 자신이다.

셋째, 물로 삶아서 먹지 말라고 했다(출 12:9). '**물로 삶아진**' 것은 십자가 위의 구속이 아닌 순교로 간주하는 것이다. 오늘날 많은 사람들이 그리스도의 죽음을 사람에게 핍박을 받아 순교했으며, 자신의 가르침을 지키려고 했다는 것이다. 그리스도는 순교한 것이 아니라 우리를 구속하기 위하여 불로 구워져 죽으신 것이다.

어린양의 모든 부위를 먹는 것

넷째, 그 머리와 다리와 내장도 함께 먹었다(출 12:9). 머리는 지혜를, 다리는 행동과 움직임을, 내장은 그리스도의 존재의 내적인 각 부분을 상징한다. 유월절 어린양을 먹을 때 그리스도를 하나도 버리지 않고 전체적으로 취한다는 것이다. 이단들처럼 어느 일부분을 먹는다는 것이 아니라 전부를 취해야 한다는 것이다.

다섯째, 어린양의 고기를 무교병과 쓴 나물과 함께 먹고, 아침까지 아무것도 남기지 말라고 했다(출 12:8, 10). 누룩이 없는 무교병과 함께 먹는 것은 모든 죄악을 제거하는 것이다. 쓴 나물은 우리의 죄를 뉘우치고 회개하며 죄 있는 것들에 대한 쓴 맛을 체험하는 것이다. 아침까지 남겨두지 말라는 것은 그리스도에 대한 온전한 방법을 취해야 한다는 것이다. 그리스도를 부분적으로 알아서는 안 된다는 것이다.

여섯째, 그의 뼈가 꺾이지 않아야 한다(출 12:46). 예수님은 십자가에 못 박혔을 때에 다리는 꺾이지 않았다(요 19:33). 사람의 뼈는 생명을 가리킨다. 아담의 갈비뼈로 하와를 지으셨다(창 2:21). 우리의 생명이신 그리스도 안에는 우리에게 생명을 나누어 줄 수 있는 온전한 생명이 있다.

전신갑주와 우슬초의 믿음

유월절 어린양은 먹을 때에 세상과 싸우는 군인으로서 급히 먹어야 한다(출 12:12). 허리띠를 띠고 자신을 졸라매어 전투태세를 갖추고, 발에는 군화를 신고, 손에는 말씀의 지팡이를 가지고 급히 먹으라고 했다. 애굽 땅에서 도망을 해야 하기 때문에 급히 먹어야 한다. 느리게 먹는 자는 애굽의 군대(사탄)의 포로가 된다. 이것이 교회의 군대로서 전신갑주를 온전히 갖추는 것이다(엡 6:11).

그리고 우슬초 묶음에 피를 적시어 인방과 좌우 설주에 발라야 한다(출 12:22). 우슬초는 식물 중에서 가장 작은 식물로서 우리의 믿음을 상징한다. 신약의 겨자씨에 비유된 믿음이다(마 17:20). 우리는 거창한 믿음이 아니라 유월절 어린양이 그리스도임을 아는 작은 믿음, 곧 작은 분량의 우슬초를 사용해도 유월절 전체를 대변하고 있음을 알아야 한다.

인방과 문설주는 집안으로 들어가는 입구다. 여기에 피를 바르는 것이다. 그 집은 예수 그리스도다. 그리스도 안으로 들어가는 것은 피를 통해야만 한다. 그리고 그리스도 안에 들어간 후에는 그 안에서 고기를 먹어야 한다. 그래야만 예수 그리스도께서 말씀하신 **"내 안에 거하라"**(요 15:7)에 응하게 된다. 이것이 우리가 그분 안에서 하나 되는 것이다.

사도 바울은 이렇게 고백하고 있다.

"내가 그리스도와 함께 십자가에 못 박혔나니 그런즉 이제는 내가 사는 것이 아니요 오직 내 안에 그리스도께서 사시는 것이라"(갈 2:20).

할렐루야!

06

'안식일'은 장래 일의 그림자

"안식일을 기억하여 거룩하게 지키라 엿새 동안은 힘써 네 모든 일을 행할 것이나 일곱째 날은 네 하나님 여호와의 안식일인즉 너나 네 아들이나 네 딸이나 네 남종이나 네 여종이나 네 가축이나 네 문안에 머무는 객이라도 아무 일도 하지 말라 이는 엿새 동안에 나 여호와가 하늘과 땅과 바다와 그 가운데 모든 것을 만들고 일곱째 날에 쉬었음이라 그러므로 나 여호와가 안식일을 복되게 하여 그 날을 거룩하게 하였느니라"(출 20:8-11).

"그러므로 먹고 마시는 것과 절기나 초하루나 안식일을 이유로 누구든지 너희를 비판하지 못하게 하라 이것들은 장래 일의 그림자이나 몸은 그리스도의 것이니라"(골 2:16-17).

안식일에 대한 말씀을 상고할 때에 가장 먼저 생각나는 것이 제칠일 안식교도들이다. 안식교에서는 안식일을 핵심 교리로 지키므로 이단이 분명하나 안식교가 마치 정통 교회인 줄로 생각하고 있는 성도들이 많이 있다. 또 실제로 미국에서는 이단으로 취급하지 않는다고 항변한다.

특히 주목하는 것은 이단인 안식교가 분열되면서 여러 이단을 낳고 있다는 것이다. 그중에 대표적인 것이 바로 안상홍을 교주로 하는 '하나님의 교회'다. 그들은 안식일은 창조주 하나님을 기념하는 날이라면서 일요일이 아니라 토요일이라고 주장한다. 안식일이 토요일인 것은 사실이다.

그러나 "예수님과 사도들이 안식일을 지켰다", 십계명에서 **"안식일을 기억하여 거룩하게 지키라"**(출 20:8)는 말씀과 "성경은 일점일획이라도 더하거나 빼는 행위를 엄히 견책하고 있다"고 주장하면서, 안식일을 지키는 것이 안상홍이 회복하는 새 언약의 기본 진리의 하나로 믿고 있다. 이러한 오류는 하나님의 경륜과 안식일을 지키는 것 사이의 차이를 보지 못한 데서 비롯되었다.

창조의 상징인 안식일

구약에서 안식일은 하나님의 창조의 상징이다. 하나님은 6일 동안 일하신 후에 제칠일에 휴식하셨으며, 바로 이 날이 안식일이다. 첫째 날은 낮과 밤을, 둘째 날은 궁창을, 셋째 날은 풀과 채소와 열매를, 넷째 날은 궁창의 두 광명을, 다섯째 날은 바다의 생물과 공중의 새를, 여섯째 날은 짐승과 사람을 창조하셨다. 그런

후에 제칠일에 안식함으로써 옛 창조의 증거가 되었다. 이것은 창조가 하나님 손으로 이루어졌다는 것을 증거하고 있다.

사람은 옛 창조의 일부이기 때문에 제칠일을 지킬 의무가 있었다. 그러나 이 안식일을 지켜야 될 사람이 사탄에 의하여 미혹됨으로써 안식일을 지키지 못하고 타락의 길, 곧 가시덤불과 엉겅퀴(창 3:18)가 있는 죄악의 길에서 나그네가 되었다. 바로 그 나그네인 사람들을 다시 하나님께로 이끌기 위해서, 안식을 회복하기 위해서 하나님은 '여자의 후손'(창 3:15)인 그리스도로서 말씀이 육신이 되어 이 땅에 오셨다.

그래서 신약에서는 둘째 아담(고전 15:45)인 예수 그리스도께서 죽은 자 가운데서 부활하신 날을 통해 새 창조라는 주일의 첫날이 시작되었다. 그리스도의 부활로 말미암아 그리스도 안에 있는 거듭난 성도들로 구성된 교회를 포함한 새 창조가 산출되었다. 그러므로 제칠일이 옛 창조의 상징이듯이, 주일의 첫 날인 제팔일은 새 창조의 시작이다. 이 때문에 신약성경 어디에도 그리스도인들이 제칠일에 예배하기 위하여 모였다는 구절이 없다.

여기서 다시 강조하면, 구약에서는 옛 창조 안에 있는 사람들이기 때문에 창조의 일부인 안식일을 지켰지만, 신약에 오면 부활 안에서 거듭난 성도들은 제칠일 대신에 제팔일, 곧 주의 첫날이 안식의 기쁨을 기념하는 날이 되는 것이다.

"안식 후 첫날에 우리가 떡을 떼려 하여 모였더니"(행 20:7).

"매주일 첫날에 너희 각 사람이 이를 얻은 대로 저축하여 두어서 내가 갈 때에 연보를 하지 않게 하라"(고전 16:2).

이것은 사도 바울 시대에 성도들이 그 주의 첫날에 주님을 기념하기 위하여 모였음을 나타낸다. 그래서 우리 믿는 성도들은 새 창조 안에 있기 때문에 더이상 제칠일을 지킬 의무가 없다. 따라서 우리는 주 예수의 부활을 기념하기 위하여 그 주의 첫날에 모여 주일성수를 하는 것이다.

하나님을 증거하는 안식일

그러면 구약에서는 왜 율법인 십계명 속에 안식일을 반드시 지키도록 했는가? 가장 중요한 이유는 하나님이 어떤 분인가를 알리기 위함이다. 하나님께서 자기 백성에게 그분 자신을 계시하심으로써 그들로 하여금 하나님이 어떤 분인가를 알게 하기 위한 증거다.

이스라엘 백성은 하나님이 누구인지를 몰랐다. 모세가 하나님께 애굽에 가서 자기 백성을 구하라는 지시를 받았을 때에 **"그들이 내게 묻기를 그의 이름이 무엇이냐"**(출 3:13)라고 할 때에 **"내가 무엇이라 그들에게 말하리까"**라고 물었다. 이때에 하나님은 **"나는 스스로 있는 자니라"**(출 3:14), 즉 '자존자'라고 처음으로 하나님 자신을 밝히셨다.

그 이후에 이스라엘 백성은 하나님의 큰 권능의 인도함을 따라 유월절을 통하여 홍해를 건넜지만, 광야 생활에 들어가자마자 금송아지를 만들어 우상을 숭배하는 죄에 빠졌다. 그때에 모세를 통하여 하나님의 증거이며 율법의 핵심인 십계명을 주셨다. 십계명을 통해 하나님의 형상과 모양을 먼저 말씀하시고, 자신은 질투, 거룩, 사랑, 의, 진실, 순수한 하나님임을 말씀하신다. 바로 그것이 하나님의 뜻이었다.

따라서 율법은 주로 하나님이 어떤 분이신지를 계시하는 증거다. 법이란 원래 그 법을 만든 사람이 어떤 사람인가를 표현한다. 그래서 율법의 첫 번째 기능은 하나님이 어떤 분임을 우리에게 계시하는 것이다. 이것이 율법의 적극적인 기능이다.

우리의 어떠함을 드러내는 안식일

다음은 율법의 소극적 기능이다. 이 두 번째 기능은 우리를 드러내는 것이다. 율법이 선포되기 전에 이스라엘 백성은 우상 숭배의 죄에 빠졌다. 백성이 금송아지를 만들려고 했을 때에 아론은 그들을 심히 꾸짖었어야 했다. 그러나 아론은 **"너희 아내와 자녀의 귀의 금고리를 빼어 내게로 가져 오라"**(출 32:2)고 했다. 그러고 나서 아론은 그들에게서 금을 받아 녹여서 '우상을 형상화시켰다.' 백성은 올바른 제물을 바쳤으나 아론은 그것을 우상에 바쳤다. 경배의 대상이 잘못되었다.

이런 혼합이 오늘날의 성도들에게서도 발견될 수 있다. 바로 기독교의 혼합주의 형태다.

"스스로 지혜 있다 하나 어리석게 되어 썩어지지 아니하는 하나님의 영광을 썩어질 사람과 새와 짐승과 기어다니는 동물 모양의 우상으로 바꾸었느니라"(롬 1:22-23).

모든 사람은 자신이 지혜가 있다고 생각한다. 사람의 지혜는 아담의 지혜다. 아담의 지혜를 하나님의 지혜로 대치하기 위해서는 사람의 육신적인 모습을 드러내야 한다. 이것이 율법이다.

율법은 먼저 우리에게 죄가 있음을 드러낸다(롬 5:13, 4;15; 갈 3:19). 둘째, 온 세상으로 하나님의 심판(정죄) 아래 있게 한다(롬 3:19). 셋째, 하나님의 선택된 백성을 보호하고 그들을 그리스도께로 인도한다(갈 3:23-24).

하나님은 사람이 타락한 후 계속해서 사람을 위해 일하셨다. 많은 성도들이 교만으로 눈이 멀었기 때문에 오늘날 하나님의 진정한 의도를 보지 못한다. 하나님의 뜻은 우리가 그리스도 안에서 많은 자녀들이 되는 것이다.

"그러므로 하늘에 계신 너희 아버지의 온전하심과 같이 너희도 온전하라"(마 5:48).

우리는 율법을 통해 이를 앎으로써 주님의 뜻에 참여한다.

안식일을 깨뜨리러 오신 예수님

결국 안식일은 옛 창조를 청산하고, 새 창조 안에서 참으로 안식하는 것이다. 이 날의 시작은 부활이다. 현재의 나는 부활 안에 있다. 그래서 예수 그리스도는 구약의 안식일을 깨뜨리고 새로운 안식의 주인으로 오셨다. 예수님의 십자가상의 죄목은 안식일을 범한 것과 신성모독 두 가지다.

> "유대인들이 이로 말미암아 더욱 예수를 죽이고자 하니 이는 안식일을 범할 뿐만 아니라 하나님을 자기의 친 아버지라 하여 자기를 하나님과 동등으로 삼으심이러라"(요 5:18).

그러면서 예수님은 **"인자는 안식일의 주인이니라**(마 12:8; 막 2:28)고 말씀하신다. 예수님은 안식일에 제자들이 밀밭에서 이삭을 잘라먹도록 허락하면서 안식일을 깨뜨렸다(마 12:1). 안식일의 주인으로서 안식일에 관한 규정을 바꿀 권리가 있으셨다. 그래서 주님은 안식일을 고수하는 바리새인들에게 **"나는 자비를 원하고 제사를 원하지 아니하노라"**(마 12:7)고 분명하게 말씀하신다.

예수님은 모든 규정과 그 규정 위에 계신 분이다. 주님께서 거기에 계시기에 사람들은 어떤 의식이나 규정에 주의를 기울여서는 안 되었던 것이다. 우리는 옛 사람이 지켜야 하는 안식일은 그림자였음을 알고, 이제는 그 실체인 그리스도 안에서 자유를 얻고 안식을 누리는 삶을 살아야 한다.

07

하나님의 귀중한 이름
_ 창세기 속, 믿음으로 체험하는 하나님

"아브라함이 양과 소를 가져다가 아비멜렉에게 주고 두 사람이 서로 언약을 세우니라 아브라함이 일곱 암양 새끼를 따로 놓으니 아비멜렉이 아브라함에게 이르되 이 일곱 암양 새끼를 따로 놓음은 어찜이냐 아브라함이 이르되 너는 내 손에서 이 암양 새끼 일곱을 받아 내가 이 우물 판 증거를 삼으라 하고 두 사람이 거기서 서로 맹세하였으므로 그 곳을 브엘세바라 이름하였더라 그들이 브엘세바에서 언약을 세우매 아비멜렉과 그 군대 장관 비골은 떠나 블레셋 사람의 땅으로 돌아갔고 **아브라함은 브엘세바에 에셀 나무를 심고 거기서 영원하신 여호와의 이름을 불렀으며** 그가 블레셋 사람의 땅에서 여러 날을 지냈더라"(창 21:27-34).

성경은 생명의 책이다. 성경만이 세상에서 유일하게 생명을 말씀하고 있다. 인간이 기록한 무수하게 많은 책들이 있으나 생명의 씨를 뿌리고, 생명을 성장시키며, 수확을 이야기하는 책은 성경밖에 없다. 창세기 1장과 2장은 생명의 청사진으로서 생명의 씨를 말하고 있다. 창세기 3장부터 계시록 20장까지는 생명의 성장을 기록하고 있다. 그리고 요한계시록 마지막 21장과 22장은 생명의 수확으로서 잘 여문 알곡을 저장하는 새 예루살렘을 완성, 곧 해피엔딩의 대하 드라마로 끝을 맺고 있다. 과연 이것을 주관하신 하나님은 어떤 분인가?

우리는 창세기 50장을 상고할 때에 다른 성경들과 다르게 우리의 자서전적인 전기라는 것을 알게 된다. 이것이 바로 나의 자서전임을 아는 그리스도인은 그렇게 많지 않을 것이다.

창세기는 노아의 대홍수를 기준으로 전편과 후편으로 나뉘는데 홍수 전은 아담, 아벨, 에노스, 에녹, 노아 등 5명의 의인의 전기다. 홍수 후의 후편은 아브라함, 이삭, 야곱, 요셉 등 4명의 전기로 되어 있다. 홍수 이후의 새로운 세상을 운영해 가시는 하나님은 아브라함의 하나님, 이삭의 하나님, 야곱의 하나님으로서 그분의 경륜을 이루어 가신다. 아브라함은 아버지 하나님이요, 이삭은 아들인 은혜의 하나님이다. 야곱은 성령의 역사를 대변하는 성령의 하나님이다. 이는 살아 계시는 삼위일체 하나님을 예표한다.

그리고 창세기 전체 50장 중에서 25장 반이 야곱과 요셉의 전기로 되어 있다. 그만큼 중요한 부분이다. 특히 요셉은 야곱 안에 포함된 하나다. 창세기의 마지막에서 야곱은 하나님의 형상을 가진 왕자로서 이스라엘이며, 요셉은 하나님의 통치권을 가진 모든 것을 다스리는 자를 대표한다. 이것은 한 사람의 양면을 가진 한 쌍이다. 그리고 야곱은 애굽에서 낳은 요셉의 두 아들까지 자신의 아들로 받아들인다.

> "내가 애굽으로 와서 네게 이르기 전에 애굽에서 네가 낳은 두 아들 에브라임과 므낫세는 내 것이라 르우벤과 시므온처럼 내 것이 될 것이요"(창 48:5).

그래서 창세기는 총 9명의 의인이지만 실제로 요셉은 야곱 속에 포함된 한 쌍으로 보기 때문에 총 8명을 중심으로 경륜의 역사를 운영하시면서 그때그때 필요할 때마다 당신의 모습을 계시하고 있다. 따라서 창세기의 8명의 의인은 구약과 신약의 성경 전체를 아우르는 하나님의 생명을 받은 그리스도인의 예표라는 점에서 창세기에 나타나는 하나님의 귀중한 이름들을 살펴볼 필요가 있다.

일반적으로 하나님의 이름은 그 앞에 수많은 형용사가 붙어서 여러 가지로 불린다. 신구약 66권의 성경 속에서도 그때그때의 상황 변화에 따라 다르게 불린다. 그러나 창세기에서는 8명의 의인들의 상황에 따라 몇 가지로 대표되고 있다. 본문에서 나타나는 '영생하시는 하나님'은 그냥 불쑥 나타나신 하나님이 아니라 하나님의 경륜 가운데 나타나신 귀중한 이름이다.

우리가 하나님의 이름을 말할 때에 우선 고려해야 하는 것은 성경의 하나님은 종교의 하나님과는 구분되어야 한다는 점이다. 왜냐하면 세상에서 가장 완벽한 종교라고 스스로 자랑하고 있는 이슬람에서는 하나님을 '알라'로 표현하면서 갖가지 미사여구를 동원하고 있다. 현재 한국 이슬람은 우리말에 하나님과 알라는 같은 하나님으로서 'God'로 표현한다면서 이제는 알라라는 말을 쓰지 않고 '하나님'으로 통일하고 있다.

이슬람 경전인 코란에서는 "가장 아름다운 이름이 알라께 있으니 그것들로 그분을 부르라 그러나 그분의 이름을 더럽히는 자들을 피하라 그들은 그들이 행하는 것으로 벌을 받으리라"(코란 7:180)고 하면서 99개의 이름으로 별칭을 정하고 있다. 최초의 분, 최후의 분, 은혜로우신 분, 부활자, 영원하신 분, 현명하신 분, 살아 계신 분, 보호자, 진리, 창조자, 인도자, 위대하신 분, 성스러운 분, 생명을 주신 분, 유일무이하신 분, 사랑을 주신 분, 보호자 등의 99개의 속성을 가진 완전무결자이며 전지전능하신 무소불위한 '홀로인 완벽한 알라'(하나님)를 상정하고, 이슬람 사원에 이를 도안하여 붙이고 있다. 인간이 도저히 범접할 수 없는 '절대적이고 유일하신 분'이 알라다.

그러나 성경의 첫 번째 책인 창세기에서는 8명의 의인들을 통하여 귀중한 이름들로 나타나고 있다.

창조주 하나님(엘로힘)

첫째, 창조주 하나님이다.

"태초에 하나님이 천지를 창조하시니라"(창 1:1).

이 말씀의 주어는 '하나님'이다. 그런데 동사인 '창조하시니라'는 단수다. 여기에 비밀이 있다. 히브리어에서는 이때의 하나님은 엘로힘(Elohim) 하나님으로서 복수명사다. 복수인 하나님이 왜 동사는 단수이어야 하는가? 하나님은 한 분이 아니라 복수라는 것이다. 여기에도 신학적인 논쟁이 많지만 우리는 이를 피하고, 지금까지 많이 들어왔던 바로 '삼위일체 하나님'을 나타내고 있다. 심지어 '엘로힘' 하나님이 복수이기 때문에 하나님은 아버지 하나님과 어머니 하나님 두 분이 있다는 이단까지 생겨나서 믿음을 왜곡함으로써 많은 해악을 끼치고 있다.

하나님은 사람을 창조할 때에도 역시 복수로 등장한다.

"하나님이 이르시되 우리의 형상을 따라 우리의 모양대로 우리가 사람을 만들고 그들로 바다의 물고기와 하늘의 새와 가축과 온 땅과 땅에 기는 모든 것을 다스리게 하자 하시고"(창 1:26).

하나님은 자신을 분명하게 '우리'라고 부르고 있다. 그리고 '다스리게 하자'는 말씀은 한 분이 아니라 여러 분이 미리 무엇인가 함께 논의가 있었다는 것이다.

뿐만 아니라 그 사람을 '그'로 표현하고 있으나, 원래는 '그들'이라는 복수형으로 되어 있다. 원래 사람이란 말은 아담이란 말로서 복수형임을 아는 그리스도인들이 많지 않다.

"남자와 여자를 창조하셨고 그들이 창조되던 날에 하나님이 그들에게 복을 주시고 그들의 이름을 사람(아담)이라 일컬으셨더라"(창 5:2).

하나님이 복수인 것은 삼위일체 하나님이요, 사람이 복수인 것은 하나님의 형상을 닮은 많은 사람을 얻고, 그들로 하여금 단체적인 교회를 만드시겠다는 하나님의 목적과 관계가 있다.

그러면 하나님의 창조 목적은 무엇인가? 여기서 한 가지 미리 알아야 할 것이 있다. 창세기 1장 1절의 태초와 요한복음 1장 1절의 태초는 구분해야 한다. 같은 태초라는 말이지만 창세기의 태초는 하나님의 창조가 시작되는 시간 안에서의 태초다. 반면에 요한복음의 태초는 시작이 없는 영원 안에서의 태초다. 시간 안에서와 영원 안에서의 차이라는 것을 구분해야 한다. 하나님은 바로 시간 안에서 창조를 시작했는데 그것이 창세기의 기록이다.

그러면 하나님은 무엇 때문에 창조를 시작했는가? 그것은 하나님이 자신을 기쁘시게 하기 위하여 창조를 하셨다.

"그 기쁘신 뜻대로 우리를 예정하사 예수 그리스도로 말미암아 자기의
아들들이 되게 하셨으니……그 뜻의 비밀을 우리에게 알리신 것이요
그의 기뻐하심을 따라 그리스도 안에서 때가 찬 경륜을 위하여 예정하
신 것이니"(엡 1:5, 9).

이것이 하나님의 근본 목적으로서 기쁘심을 나누는 사랑의 짝
을 위해서다.

우리가 성경을 깊이 묵상할 때에 발견하게 되는 것은 창조의
하나님께서 하늘을 창조하시고, 땅에 터를 세우시고, 사람을 자기
형상대로 지으신 이유가 있다는 것이다.

"이스라엘에 관한 여호와의 경고의 말씀이라 여호와 곧 하늘을 펴시며
땅의 터를 세우시며 사람 안에 심령을 지으신 이가 이르시되"(슥 12:1).

창조자이신 하나님은 하늘과 땅과 사람의 관계를 분명하게 하
고 있다. 하늘은 땅을 위해서 있다. 햇빛과 물과 공기는 땅을 위
해서 있다. 지구라는 땅을 제외하고는 우주에 수많은 위성들이 있
지만 그곳에는 생명이 없다. 땅은 무엇을 위하여 있는가? 사람을
위해서 있다. 창조주요 주권자인 하나님은 그분의 주권을 사람에
게만 주었다. 그리고 땅에 있는 모든 것을 다스리게 하셨다. 그래
서 흔히 쓰는 말로 만물의 영장이 사람이다.

그러면 사람은 누구를 위하여 있는가? 사람만이 하나님의 형상

을 가졌기에 사람은 그 주인이신 하나님을 위하여 표현하고, 하나님을 대표하며, 하나님을 영화롭게 하기 위하여 이 땅에서 그분에 대응하는 사탄을 없이하기 위하여 통치권을 행사하는 것이다. 따라서 하늘은 땅을 위하고, 땅은 사람을 위하며, 사람은 하나님을 위해 있는 것이다. 이것이 창조주 하나님을 이해하는 길이요, 성경을 이해하는 첩경이다.

여호와 하나님(아도나이)

둘째, 여호와 하나님이다. 히브리인들은 부정한 입술을 가진 인간이 엘로힘이란 거룩한 하나님의 이름을 함부로 입에 담을 수 없다는 생각에서 '스스로 있는 자'란 뜻을 가진 주(主)라는 의미의 '야훼'를 나타내는 '아도나이'(Adonay)라는 호칭으로 대치하여 사용하고 있다. 창세기에서 여호와라는 이름이 처음 등장한 것은 **"여호와 하나님이 천지를 창조하신 때에 천지의 창조된 대략이 이러하니라"**(창 2:4, 개역한글)에서 비롯되고 있다.

창세기 1장의 엘로힘 하나님이 창조와 관련되었다면, 2장의 여호와 하나님은 창조의 최종 목적이 사람이기 때문에 이때부터는 사람과 친근한 관계가 되기 위해서 오신 하나님의 이름이었다. 그래서 창세기 4장 26절에서 보는 바와 같이 가인이 동생 아벨을 죽이자, 아담은 아벨 대신 셋을 낳고, 셋은 에노스를 낳음으로써 제3대에 와서 비로소 여호와라는 이름을 불렀다. 창세기 4장은 가인의 자손으로서 하나님이 없는 최초의 문화가 지배하는 세상을 만들었고, 5장에서 셋은 믿음의 계보를 이어갈 후손을 낳게 된다.

출애굽기에서는 모세가 하나님의 이름이 무엇이냐고 물었을 때에 하나님은 가장 분명하게 **"나는 스스로 있는 자"**(I am that I am 출 3:14)라고 하심으로써, 곧 영원부터 영원까지 계시는 분으로 나타나신다. 지금 계시는 현재의 그 하나님이시다. 하나님은 유일한 자존자이시다. 세상의 모든 것들은 변하고, 왔다 가지만 하나님은 변함없이 계시는 분이다.

> "주 하나님이 이르시되 나는 알파와 오메가라 이제도 있고 전에도 있었고 장차 올 자요 전능한 자라 하시더라"(계 1:8).

세상도 변하고, 인간도 변하고, 모든 것이 변하지만, 하나님만이 변치 않으신 자존자의 하나님이다. 그분이 여호와 하나님이시다. 우리가 믿는 하나님은 영존자다. 우리가 하나님을 현재에 존재하는 분으로 안다면 우리가 아무리 어려운 고난을 받는다 해도 큰 위로를 받을 것이다.

전능한 하나님(엘-샤다이)

셋째, 전능한 하나님이다.

"아브람의 구십 구세 때에 여호와께서 아브람에게 나타나서 그에게 이르시되 나는 전능한 하나님이라 너는 내 앞에서 행하여 완전하라 내가 내 언약을 나와 너 사이에 세워 너로 심히 번성케 하리라 하시니"(창 17:1-2).

아브라함은 아직 이름이 바뀌기 전이었기 때문에 모든 것에서 부족하여 완전하지 못했다. 분명하게 하나님께서 아브라함에게 **'네 몸에서 날 자가 후사가 되리라고 하면서 하늘을 우러러 뭇별을 셀 수 있나 보라. 또 그에게 이르시되 네 자손이 이와 같으리라'고 했을 때에 아브라함이 이를 믿자, 여호와는 이 믿음을 의로 여기셨다**(창 15:4-6). 이것이 아브라함이 의로워지는 '칭의'였다.

그러나 아브라함은 고향과 친척, 아비 집은 떠났으나, 아직도 육신적인 자신을 벗지 못한 채 애굽에서 얻은 하갈과 동침하여 서자인 이스마엘을 낳았다. 이때가 아브라함의 나이 86세였다. 그리고 그 후 무려 13년간이나 하나님은 떠나 있었으나, 다시 나타나서 경륜의 역사를 시작하셨다.

그 시작의 표시가 99세 때 받은 할례다. 할례를 통하여 그동안 혼자 '높여진 아비'라는 아브람에서 '열국의 아비'라는 아브라함으로 이름이 바뀌고, 아내도 좁은 의미의 '나의 왕녀'라는 사래에서 넓은 의미의 '왕비'라는 사라로 바뀜으로써 믿음의 조상이 된다. 하나님은 그분의 목적을 성취하기 위하여 많은 무리의 사람이 필요하셨기에 아브라함과 그의 조력자 사라를 믿음의 부모로 세우신다(갈 4:26).

　이와 같이 우리가 의인으로서 시작될 때에 접하는 하나님이 '전능한 하나님'이다. 구약의 할례는 신약의 침례(세례)와 같다. 우리는 만세 전에 예정하고 선택하신 '창조주 하나님'을 접하고, 우리와 직접적으로 관계를 맺은 '여호와 하나님'을 통하여 의인으로 거듭나고, 이제는 옛 사람은 죽고 새 사람이 되는 표인 침례(세례)를 받을 때에 전능한 하나님을 접하게 된다.

　'전능한 하나님'은 모든 것을 충족케 하는 전능자의 하나님으로서 엘샤다이(El-Shaddai)라고 불려지게 된다. 여기서 말하는 엘(El)은 강한 자, 능한 자를 뜻하고, 샤다이(Shaddai)는 가슴, 유방을 의미하는 말로써 모든 것을 충족한다는 뜻이다. 어머니의 젖가슴은 어린아이에게 전능한 것이요, 모든 것을 충족하는 것이다. 아브라함은 아브람이었을 때에는 공급의 근원이었던 하나님을 망각했다. 그래서 이제는 아브람의 부족함의 모든 것을 충족하는 하나님이신 것이다. 아브라함은 혼자 힘으로 살아서는 안 되고, 모든 것의 공급의 근원인 전능한 하나님에게 의지할 것을 알게 하신 것이다.

　오늘 우리에게도 마찬가지다. 모든 것을 공급하신 하나님, 마치 어린 아이가 어머니의 젖가슴을 통해서 영양 공급을 받듯, 하나님이 공급하시는 신령한 젖을 사모해야 한다. 그러므로 거룩한 백성은 **"갓난아이들 같이 순전하고 신령한 젖을 사모하라 이는 그로 말미암아 너희로 구원에 이르도록 자라게 하려 함이라"**(벧전 2:2)고 했다.

사람이신 하나님

넷째, 사람이신 하나님이다. 우리가 '구원에 이르도록 자라기' 위해서는 사람이신 하나님 곧 친구이신 하나님을 만나야 한다. 우리는 창세기를 묵상할 때에 여호와 하나님이 사람의 모습으로 나타나는 대표적인 두 가지 사례를 볼 수 있다.

먼저는 아브라함에게 나타나신 하나님이다. **"여호와께서 마므레 상수리 나무들이 있는 곳에서 아브라함에게 나타나시니라 날이 뜨거울 때에 그가 장막 문에 앉아 있다가 눈을 들어 본즉 사람 셋이 맞은편에 서 있는지라 그가 그들을 보자 곧 장막 문에서 달려나가 영접하며 몸을 땅에 굽혀"**(창 18:1-2) 인사를 하면서 극진히 대접한다.

하나님은 세 사람 중의 한 분으로 오셨다. 그리고는 **"여호와께 능하지 못한 일이 있겠느냐 기한이 이를 때에 내가 네게로 돌아오리니 사라에게 아들이 있으리라"**(창 18:14)고 말씀하시면서 두 사람은 소돔으로 보내고, 하나님은 아브라함에게 소돔과 고모라에 대한 부르짖음이 크고 죄악이 심이 중하니 멸하겠다는 뜻을 전한다. 이때 아브라함은 하나님께 **"가까이 나아가 이르되 주께서 의인을 악인과 함께 멸하려 하시나이까"**(창 18:23)라면서 아브라함은 롯을 위하여 중재에 나서고 있다. 아브라함이 하나님과 조카 롯의 중재를 선다는 것은 보통일이라 보는가? 그야말로 영광스런 중재라 할 수 있다.

하나님은 아브라함에게 왜 오셨는가? 하나님은 아브라함에 음식을 대접받고 사라가 아들을 낳을 것을 확정하기 위해 오신 것이 아니라 하나님은 중재자를 찾으러 아브라함에게 오셨다. 하나님은 악한 도시인 소돔과 고모라를 심판하기로 결정하시고, 사람으로 이 땅에 오셨으나 그 성에는 하나님의 백성인 롯이 있었다. 롯은 소돔에서 탈출해야 한다는 것도 알지 못하고, 세상에 중독되어 있었다. 하나님은 이 땅에는 아브라함처럼 롯과 관계되고 하나님과 긴밀하게 연결된 사람이 없음을 아셨다. 그래서 하나님은 아브라함이 쉽게 대화하고, 롯을 중재할 수 있는 유일한 사람이기에 사람의 모양으로 친구처럼 아브라함을 방문하신 것이다.

오늘도 마찬가지다. 소돔과 고모라와 같은 세상에는 하나님의 백성이 살고 있다. 아브라함을 방문했을 때는 롯의 가족만이 있었지만 오늘에는 교회라는 거대한 단체적인 가족이 이 땅에 있다. 이제는 아브라함이며, 대제사장이신 그리스도가 중재의 사역을 담당하고 계신다.

> "누가 정죄하리요 죽으실 뿐 아니라 다시 살아나신 이는 그리스도 예수시니 그는 하나님 우편에 계신 자요 우리를 위하여 간구(중재)하시는 자시니라"(롬 8:34).

백성을 위한 예수 그리스도의 중재가 없다면 하나님께서는 우리를 구원에 이르게 하실 수 없다.

다음으로 야곱과 씨름을 하러 온 사람이신 하나님이다.

"그가 이르되 네 이름을 다시는 야곱이라 부를 것이 아니요 이스라엘이라 부를 것이니 이는 네가 하나님과 및 사람들과 겨루어 이겼음이니라"(창 32:28).

야곱은 창세기 32장에 이르러 진퇴양난의 상황에 처해 있었다. 뒤에는 자신을 잡고자 하는 라반이 있고, 앞에는 에서가 있는 상황에서 이를 헤쳐나가고자 하는 의로운 기도(창 32:9-12)를 드렸음에도 불구하고 자신의 생각을 갖고 혼자 남아 있을 때에 사람의 모양으로 오신 하나님과 씨름을 했다. 주님은 야곱의 육신적인 힘이 너무 강함을 보시고 단번에 넘어지게 하지 아니하고 밤이 새도록 씨름을 하고, 환도뼈(넓적다리)를 쳐서 절름발이가 되게 하셨다. 야곱은 창세기 28장 벧엘에서 꿈을 꾸고, 하나님의 언약을 받았으나 원래의 성격인 탈취자의 본성을 그대로 유지하고 있어서 라반에게 거짓말을 하고, 도망치는 등 절망적인 상황에서도 자신만을 신뢰하다가 하나님에게 연단을 받는다.

하나님은 여전히 육신적인 야곱을 철저하게 다루기 위해서 어두운 밤에 오셔서 긴 시간 씨름을 했다. 그래도 넘어지지 않자 야곱에게 가장 강한 환도뼈를 치심으로써 정상인이 아니라 절름발이가 되게 하셨다. 그래서 약탈자 야곱이 아니라 하나님과 겨루어 이긴 하나님의 왕자라는 '이스라엘'이라는 이름을 얻는다. 그리고

서 야곱은 하나님께 축복을 요청했다.

우리도 마찬가지다. 하나님은 우리를 옛 사람에서 새 사람으로 이름을 바꿔주시고, 우리의 강한 육신적인 생각과 감정과 의지를 매일매일 치시는 하나님의 연단을 체험할 때에 주님에 의하여 만져지는 절름발이인 나를 발견해야 한다. 그러한 후에 에서는 절름발이 동생을 환영하여 서로 입 맞추고 눈물까지 흘린다(창 33:4).

영생의 하나님(엘-오람)

다섯째, 영생의 하나님이다. 아브라함은 사람으로 오신 하나님과 친구로서 롯을 구하기 위한 중재까지 했던 새 사람이었다. 그러나 그 위치를 지키지 아니하고, 남쪽의 그랄 지역에 거할 때에 하나님의 은혜에 의하여 참 씨인 이삭이 태어났다. 성경에서 남쪽은 애굽, 곧 세상으로 향하는 길이기에 육신적인 생활을 예표하고 있다. 이곳에서 육신의 아들인 이스마엘이 이삭을 핍박하자, 고민하다가 하나님의 뜻에 따라 그 어미 하갈과 함께 이들을 내어 쫓아버리고, 그랄 왕 아비멜렉과 평화를 유지하기 위하여 우물을 파서 언약을 함으로써 아비멜렉은 블레셋 족속의 땅으로 돌아갔다(창 21:31-32).

> "아브라함은 브엘세바(맹세의 우물)에 에셀 나무를 심고 거기서 영원하신 여호와의 이름을 불렀으며 그가 블레셋 사람의 땅에서 여러 날을

지냈더라"(창 21:33-34).

　브엘세바의 '맹세의 우물'은 블레셋 땅과 인접해 있었다. 이 브엘세바는 나중에 성지 예루살렘의 최남단의 땅이다. 성경에서는 북쪽 단에서부터 남쪽의 브엘세바까지의 거리가 가나안 땅의 전체를 포함하고 있다(삼상 3:20).
　아브라함은 브엘세바에서 에셀 나무를 심었다. 버드나무과에 속하는 에셀 나무는 잎이 매우 미세하고 물가에서 자라기 때문에 풍성한 생명을 의미하기도 한다. 이 나무는 창세기 2장의 생명나무의 다른 표현이다. 창세기의 생명나무가 우리 속에 심어지면 그 생명나무의 풍성한 생명의 체험과 표현이 바로 에셀 나무가 된다. 왜 우리는 에셀 나무를 심어야 하는가? 브엘세바는 맹세인 언약의 우물이다. 이스마엘은 광야에서 보통의 물을 마셨다. 그러나 이삭이 마신 물은 맹세의 언약의 물이요, 구속의 물이다. 그리스도를 통하여 우리의 삶 자체도 언약인 구속의 물을 마시고 있다. 이 신성한 물을 마실 때에 우리는 영생의 하나님을 부르게 된다.
　따라서 영생의 하나님이 바로 엘오람(El-Olam)의 하나님이다. 오람의 뜻은 영원 혹은 영원함이다. 아브라함은 마침내 영생한 분을 체험했다. 영생의 하나님은 시작이나 끝이 없기 때문이다. 그분은 영원부터 영원까지의 하나님이다(시 90:2; 사 40:28). 바로 태초부터 계신 영원한 하나님이다.

"태초에 말씀이 계시니라 이 말씀이 하나님과 함께 계셨으니 이 말씀은 곧 하나님이시니라……그 안에 생명이 있었으니 이 생명은 사람들의 빛이라"(요 1:1-4).

이 생명이 영생 안에 계신 신비스런 엘오람의 하나님이요, 우리의 영원한 생명이다. 아브라함은 창조의 하나님, 여호와 하나님, 생명을 가진 전능한 하나님, 친구 같은 사람이신 하나님, 그리고 영원한 생명의 영생의 하나님을 체험함으로써 풍성한 생명의 깊이를 나타내는 에셀 나무를 갖는 믿음의 조상이시다.

'교회 생활'의 하나님(엘-벧엘)

마지막으로, 엘벧엘, 곧 교회 생활의 하나님이다. 우리는 하나님을 아브라함의 하나님, 이삭의 하나님, 야곱의 하나님으로도 표현한다. 우리는 항상 살아 계시고 우리와 관계를 맺고 계신 여호와 하나님으로서 하나님의 귀중한 이름들을 체험한다. 아브라함과 이삭과 야곱은 삼위일체 하나님의 예표다. 아브라함은 우리를 거듭나게 하신 아버지이며, 이삭은 하나님의 은혜를 나타내는 아들이며, 요셉과 한 쌍을 이룬 야곱은 은혜를 체험케 하시는 성령의 모습이다. 그러나 이 모두가 구분되는 것이 하니라 한 분 하나님의 세 방면의 표현이지만, 시간 안에 있는 우리는 이를 완전하게 설명할 수 없다는 한계도 있음을 알아야 한다.

그중의 하나가 아브라함과 야곱이 같은 모습을 보이고 있다는 것이다. 우선 아브라함과 야곱이 벧엘에서 단을 쌓았다(창 13:4, 28:18, 35:14). 그리고 아브람을 아브라함으로, 야곱을 이스라엘로 이름을 바꾸신다. 뿐만 아니라 그들의 씨에서 많은 국민이 나온다는 번성하는 축복, 즉 아브라함에게 했던 약속(창 17:6)을 야곱에게서 반복(창 28:13, 35:11)했다. 성경에서 벧엘은 '하나님의 집', 곧 교회 생활을 의미한다. 아브라함에게 희미했던 벧엘의 의미가 야곱에게서 분명하게 나타난다. 특히 야곱은 벧엘의 꿈을 통하여 하나님을 접하고 나서 하나님의 다루심과 연단을 체험한 후에 변화된 야곱으로 벧엘로 돌아왔다. 성경에서 이름을 바꾸는 것은 자신을 바꾸는 것이다. 또한 축복의 약속은 변화된 사람이 되었을 때에만 그 열매를 충실히 누릴 수 있는 전진한 약속이다.

하나님은 야곱이 이스라엘로 바뀌고 벧엘에 다시 정착했을 때에야 그곳의 이름을 벧엘에서 엘벧엘(창 35:7)로 바꾸면서 나타나셨다. 엘벧엘(El-Bethel)은 벧엘의 하나님, 곧 '하나님의 집의 하나님'을 뜻한다. 야곱은 외삼촌 라반의 집인 밧단아람에 있을 때에는 사랑스런 아내들과 자식을 낳고 탈취자라는 본성대로 재산 모으기에 전력을 다한다. 그리고 작은 가정에 만족했으나 하나님의 주권하에 '작은 오두막'이라는 숙곳까지 왔으나 여전히 자기와 짐승을 위하여 집을 짓자, 하나님은 다시 '강함'이라는 세겜으로 인도한다.

야곱은 세겜에서 비로소 장막을 치고, 단을 쌓아 그곳 이름을 '엘엘로헤이스라엘'(하나님, 이스라엘의 하나님)이라고 부르면서 변화된 합당한 이스라엘이 된다(창 33:17-20). 그러나 하나님은 다시 벧엘로 인도하려고 하나, 야곱은 세겜의 이름처럼 아직도 강한 성격이 남아서 머뭇거리고 있을 때에 외동딸 '디나'의 강간사건을 통하여 하나님의 집, 벧엘로 오게 하여 그곳에서 비로소 약속을 줌으로써 엘벧엘의 하나님이 되신다. 이제 하나님은 '야곱'을 번성케 하는 것이 아니라 '이스라엘'을 번성케 하신다. 이스라엘이 다시 찾은 벧엘은 꿈으로만 만났던 곳이 아니라, 변화되고 성장한 이스라엘의 교회, 엘벧엘이 된다.

우리는 구약에서 말하는 '하나님의 집'(벧엘)은 신약에서는 '교회'다.

"만일 내가 지체하면 너로 하여금 하나님의 집에서 어떻게 행하여야 할지를 알게 하려 함이니 이 집은 살아 계신 하나님의 교회요 진리의 기둥과 터니라"(딤전 3:15).

벧엘에서의 우리는 교회의 구성원이었으나, 엘벧엘은 단체적인 교회 생활이다. 우리는 교회 생활 안에 있는, 단체인 교회의 사람들이다. 지금까지 우리는 주로 개인적인 하나님을 접촉하면서 자기만의 신앙 생활을 영위하는 세겜에서의 장막 속에 있었다. 그러나 하나님은 우리 모두를 단체적인 형제가 연합하여 동거하는(시 133:1), 선을 위한 '엘벧엘'에 대한 체험을 요구하신다.

08 하나님의 이름을 부르는 생활
_ '에노스' 때에 비로소 여호와의 이름을 불렀다

"아담이 다시 자기 아내와 동침하매 그가 아들을 낳아 그의 이름을 셋이라 하였으니 이는 하나님이 내게 가인이 죽인 아벨 대신에 다른 씨를 주셨다 함이며 셋도 아들을 낳고 그의 이름을 에노스라 하였으며 그 때에 사람들이 *비로소 여호와의 이름을 불렀더라*"(창 4:25-26).

초등학교 시절, 시골 동네에 처음 세워진 천막 교회에서 담임 목사님이 손들어 큰소리로 외치던 모습이 지금도 생생하다. 하나님의 생명을 받았던 청년 시절, 어느 집회에 참석했을 때에 기도가 시작되자 손을 들고 "주 예수여" 하면서 세 번 큰소리로 부르는 모습을 보고, 꼭 저렇게 해야만 하나님이 기도를 들으실까 의심 했던 때가 있었다. 이때까지만 해도 나는 이런 분위기에 익숙하지 않았다. 그런데 신학을 공부하면서 크게 부르는 것이 성경적이라는 것을 알았다.

주님을 부르는 것은 기도의 또 다른 모습이다. 창세기 4장에서 에노스가 처음으로 여호와의 이름을 불렀다. '부르다'라는 히브리어의 뜻은 '부르짖다'이며, 헬라어의 뜻은 '사람을 불러일으키다'라는 의미다. 이것은 사람이 들을 수 있도록 여호와의 이름을 부르는 것이다. 다시 말해 기도는 속으로 할 수 있지만 때로는 들을 수 있도록 통성으로 해야 한다는 것이다. 사람과 사람의 관계에서도 상대방의 이름을 정중하고 성의를 다해 크게 부를 때에 무언가의 호흡과 같은 교감이 있게 되듯이 하나님과 사람의 관계에서도 마찬가지다.

> "여호와여 내가 심히 깊은 구덩이에서 주의 이름을 불렀나이다 주께서 이미 나의 음성을 들으셨사오니 이제 나의 탄식과 부르짖음에 주의 귀를 가리지 마옵소서 내가 주께 아뢴 날에 주께서 내게 가까이 하여 이르시되 두려워하지 말라 하셨나이다"(애 3:55-57).

이 말씀은 예레미야가 부르짖음으로써 주님과 호흡하는 내용이다. 마치 어린아이가 엄마를 크게 부르짖을 때에 엄마와 아이가 더 큰 교감이 생기는 것과 같다.

깊은 구덩이와 슬픔에 빠져 있을 때에 예레미야처럼 주님의 이름을 부름으로써 어려움에서 해방될 수 있고, 주님께 더 가까이 갈 수 있다. 우리가 위기에 빠져 있을 때에, 그리고 그곳에서 벗어나고자 할 때에 "주 예수여"라고 크게 불러 보라. 아니면 **"내가**

그리스도와 함께 십자가에 못 박혔나니 그런즉 이제는 내가 사는 것이 아니요 오직 내 안에 그리스도께서 사시는 것이라"(갈 2:20)고 외쳐 보라. 아니면 짧게 "내 안에 주님이 계십니다"라고 외쳐 보라. 무언가 새 힘이 솟아날 것이다.

선지자들의 '부르는' 역사

본문에서처럼 인류의 제3대인 에노스 때에 처음으로 하나님을 불렀다. 하나님의 형상을 따라 지음 받은 사람은 불순종했다. 불순종의 죄로 인하여 땅은 저주를 받아서 '가시덤불과 엉겅퀴'(창 3:16)를 내고, 사람은 땀을 흘려야만 했다. 그런 저주받은 땅을 경작하는 가인이 동생 아벨을 죽이는 죄악은 부모인 아담의 불순종보다 더 큰 타락으로 이어졌으며, 그 후손은 하나님 없이 살아가는 방법을 찾아 생계를 위하여 육축을 치고, 공허함을 달래는 문화를 창안하고, 자신들을 지키는 무기를 만들어 세상을 이루었다.

하나님은 아벨 대신 셋의 계보를 이어 가게 하셨다. 그리고 제3대 에노스 때에 비로소 사람들은 하나님을 불렀다. 하나님의 경륜 속에서 하나님이 없이 스스로 살아가는 가인의 길과 하나님의 주권 아래 살아가는 아벨의 길로 나누어지면서 창세기에서 계시록까지의 두 길이 공존한 가운데 성경 전체를 통해서 아벨의 길에서 주님의 이름을 부르는 역사는 이어진다.

아브라함은 벧엘 동편에 단을 쌓고 여호와의 이름을 불렀다(창

12:8). 이삭은 브엘세바에 단을 쌓고 여호와를 불렀다(창 26:25). 모세가 여호와께 부르짖었다(민 12:13). 욥이 하나님을 부르며 아뢰었다(욥 12:4). 삼손은 블레셋 사람이 자기의 눈을 뺀 원수를 단번에 갚게 해 달라고 여호와께 부르짖어 기도했다(삿 16:28). 사무엘은 여호와를 잊은 백성이 블레셋과 모압 사람들과 전쟁을 할 때에 백성이 부르짖어 기도하도록 했다(삼상 12:10). 다윗은 사울의 손에서 구원을 받고 승전가를 부르는 중에 여호와를 크게 불렀다(삼하 22:4). 엘리야는 바알 선지자들과 싸울 때에 여호와의 이름을 불렀다(왕상 18:24). 엘리사는 나아만을 고칠 때에 그로 하여금 하나님 여호와 이름을 부르도록 했다(왕하 5:11). 구약에서는 성도들이 다 주님을 부르도록 하였다.

"그 때에 내가 여러 백성의 입술을 깨끗하게 하여 그들이 다 여호와의 이름을 부르며 한 가지로 나를 섬기게 하리니"(습 3:9).

신약에서도 성도들은 주님의 이름을 부르도록 했다. 오순절 날에 **"누구든지 주의 이름을 부르는 자는 구원을 받으리라"**(행 2:21)고 하였다. 이것은 신약에서 처음으로 언급한 내용이다. 초대 교회는 예수님의 이름을 크게 불렀다. 사도 바울은 다소의 사울이었을 때에 주님의 이름을 부르는 자를 결박했다(행 9:14). 스데반도 죽음을 맞이하면서 **"주 예수여 내 영혼을 받으시옵소서"** 하며 무릎을 꿇고 크게 불렀다(행 7:59). 우리는 침묵하는 그리스도인이 되지 말고, 초대 교회 성도들처럼 당당하게 주의 이름을 부르는 그리스도인이 되어야 한다.

주님을 부르는 목적

사도 바울은 부름을 강조하고 있다.

> "유대인이나 헬라인이나 차별이 없음이라 한 분이신 주께서 모든 사람의 주가 되사 그를 부르는 모든 사람에게 부요하시도다 누구든지 주의 이름을 부르는 자는 구원을 받으리라"(롬 10:12-13).

먼저 우리는 구원을 이루어가기 위해서 주님을 불러야 한다. 여기서 구원을 받는다는 것은 하나님의 생명을 처음 받음의 구원이라기보다는 그리스도인의 생활 속의 구원이다.

구원에는 두 가지가 있다. 먼저는 영혼의 구원이다. 우리가 생명을 처음 받을 때에는 **"그는 허물과 죄로 죽었던 너희를 살리셨도다 그 때에 너희는 그 가운데서 행하여 이 세상 풍조를 따르고 공중의 권세 잡은 자를 따랐으니 곧 지금 불순종의 아들들 가운데서 역사하는 영이라"**(엡 2:1-2)고 하였다.

그동안 그리스도인들은 사탄의 종으로서 살다가 이제는 그리스도의 종(롬 1:1)으로 위치상의 변화를 이룬 영혼의 구원이다. 그리고 그다음은 구원받은 그리스도인들의 성장을 위한 구원이다.

성도들이 부요함을 안다는 것은 내 생활 속에서의 풍성함의 구원이다. 로마서에서 10장의 위치는 의인으로서 거룩함을 맛보는 성숙된 자들로서 그리스도의 몸인 교회의 일원이 되기 위한 구원을 이루어 가는 것을 말하고 있다. 이것이 두렵고 떨림으로 네 구원을 이루라는 말씀이다(빌 2:12). 바로 외형적인 것이 아니라 내면적이고 주관적인 구원이다.

또한 환난과 고난에서 구함받기 위하여 부른다. 심지어 그리스도인이 아닌 사람들도 위급한 상황이나 심한 고통 가운데 있을 때에 자기도 모르게 '하나님'이란 말이 저절로 나온다. 영어권에서는 위급하거나 예상하지 못한 일들이 일어날 때에 '맙소사' 정도의 표현으로 'Oh my God'이라 한다. 이것은 하나님의 이름을 망령되이 여기는 대표적인 표현이다. 그러나 이스라엘 백성이 고난 가운데 있을 때에 여호와의 이름을 불렀듯이(시 18:6; 사 50:15), 신약의 그리스도인들도 마찬가지다. 그래야만 주님의 긍휼에 참여할 수 있다. 주님의 구원을 받고 성령을 받기 위해서는 주님을 부르는 자가 되어야 한다(행 2:17).

뿐만 아니라 우리가 주님을 부르는 것은 주님의 풍성에 참여하고, 스스로 분발하기 위해서다. 이스라엘 백성이 주님에게서 떠나 고난 가운데 있을 때에 **"주의 이름을 부르는 자가 없으며 스스로 분발하여 주를 붙잡는 자가 없사오니 이는 주께서 우리에게 얼굴을 숨기시며 우리의 죄악으로 말미암아 우리가 소멸되게 하셨음이니이다 그러나 여호와여, 이제 주는 우리 아버지시니이다 우리는 진**

흙이요 주는 토기장이시니 우리는 다 주의 손으로 지으신 것이니이다"(사 64:7-8)라고 하였다. 고난 가운데 주님을 부르지 않는 것은 주님의 풍성을 외면하는 것이요, 스스로 분발할 수가 없는 것이다. 그래서 "주 예수여"라고 크게 외쳐야 한다. 우리가 절망하거나 침체되어 있을 때일수록 주님을 적극적으로 불러야 한다.

사도 바울은 고린도교회에 대하여 말을 할 때에 하나님의 성령으로 말을 하라고 한다.

"너희도 알거니와 너희가 이방인으로 있을 때에 말 못하는 우상에게로 끄는 그대로 끌려 갔느니라 그러므로 내가 너희에게 알리노니 하나님의 영으로 말하는 자는 누구든지 예수를 저주할 자라 하지 아니하고 또 성령으로 아니하고는 누구든지 예수를 주시라 할 수 없느니라"(고전 12:2-3).

우리가 이방인이었을 때는 말 못하는 우상에 끌려갔지만, 이제는 하나님의 영으로 말하는 자는 말씀하시는 예수님을 저주하지 않고, 예수를 주라고 말한다고 강조한다. 다시 말해 하나님을 경배하는 사람은 아무도 잠잠해서는 안 된다. 모두 소리 내어 하나님의 영 안에서 '예수님은 주'라고 크게 외쳐야 한다.

주님을 부르는 방법

우리는 순수하고 깨끗한 마음으로 주님을 불러야 한다. 사도 바울은 사랑하는 아들 디모데(딤전 1:2)에게 명령한다.

> "또한 너는 청년의 정욕을 피하고 주를 깨끗한 마음으로 부르는 자들과 함께 의와 믿음과 사랑과 화평을 따르라"(딤후 2:22).

디모데는 외적인 부패는 물론 내적인 정욕을 피하면서 순수하고 깨끗한 마음이어야 했다. 순수한 마음은 혼합되지 않은 마음이다. 우리의 선한 양심은 거리낌 없는 양심이다. 사도 바울은 유대인들의 송사에 대한 변론을 하면서 양심에 거리낌이 없음을 말한다.

> "이것으로 말미암아 나도 하나님과 사람에 대하여 항상 양심에 거리낌이 없기를 힘쓰나이다"(행 24:16).

그리스도인들은 순수한 사랑과 진실한 사랑과 참된 사랑을 갖도록 깨끗해야 한다. 그래서 성경은 **"주의 이름을 부르는 자마다 불의에서 떠날지어다"**(딤후 2:19)라고 말하고 있다.

그리고 순수한 입술로 입을 크게 벌려 주님을 불러야 한다. 이 또한 깨끗한 마음에서 나오는 순수한 입술이어야 한다. 느슨한 말로 우리를 더럽게 해서는 안 된다. 그리고 입술을 넓고 크게 열어야 한다.

> "나는 너를 애굽 땅에서 인도하여 낸 여호와 네 하나님이니 네 입을 크게 열라 내가 채우리라 하였으나 내 백성이 내 소리를 듣지 아니하며 이스라엘이 나를 원하지 아니하였도다"(시 81:10-11).

더욱이 우리는 매일 주님을 불러야 한다.

> "곤란으로 말미암아 내 눈이 쇠하였나이다 여호와여 내가 매일 주를 부르며 주를 향하여 나의 두 손을 들었나이다"(시 88:9).

나의 두 손을 들었다는 것은 크게 불렀다는 뜻이다. 우리가 호흡을 멈추면 죽듯이 매일매일 주님과 호흡하는 것이 기도의 길이요, 주님은 부르는 길이다.

> "여호와께서 내 음성과 내 간구를 들으시므로 내가 그를 사랑하는도다 그의 귀를 내게 기울이셨으므로 내가 평생에 기도하리로다"(시 116:1-2).

내 음성은 우리가 크게 부르는 것이요, 간구는 기도다. 우리는 살아 있는 동안 주의 이름을 부르는 것과 기도를 멈춰서는 안 된다. 예수님도 심한 통곡을 하면서 기도하셨다.

"그는 육체에 계실 때에 자기를 죽음에서 능히 구원하실 이에게 심한 통곡과 눈물로 간구와 소원을 올렸고 그의 경건하심으로 말미암아 들으심을 얻었느니라"(히 5:7).

우리는 그동안 주님을 부른다는 문제에 대하여 침묵하거나 심상하게 생각해왔다. 그러나 성경은 예수님의 이름을 부르짖는 것이 인류의 제3대인 에노스 시대부터 수천 년을 이어온 믿는 자들에게 있어서 당연한 것으로 말하고 있다. 혹자는 주님이 내 안에 계시기 때문에 꼭 큰소리보다는 조용하게 기도하면 된다고 주장하기도 한다.

분명한 것은 예수님도 통곡의 기도를 했다. 우리 안에 숨(공기)이 있기 때문에 호흡을 할 필요가 없다고 아무도 말하지 않을 것이다. 우리가 살기 위해서는 계속 호흡을 해야 하듯이 주님과 함께 걷는 동안은 기도를 해야 한다. 예수 그리스도 안에는 분명 하나님이 계셨다. 그러나 하나님을 크게 부르면서 기도하셨다.

"제구시 쯤에 예수께서 크게 소리 질러 이르시되 엘리 엘리 라마 사박다니 하시니 이는 곧 나의 하나님, 나의 하나님, 어찌하여 나를 버리셨나이까 하는 뜻이라"(마 27:46).

이렇게 기도하신 예수님은 우리와 나의 모든 어두움을 처리하셨다. "주 예수여"라고 크게 불러 보라. 내가 변함을 알 것이다.

09

그리스도의 사랑과 교황의 사랑
_ 프란치스코 교황의 방한이 남긴 것

"주의 성령이 내게 임하셨으니 이는 가난한 자에게 복음을 전하게 하시려고 내게 기름을 부으시고 나를 보내사 포로 된 자에게 자유를, 눈 먼 자에게 다시 보게 함을 전파하며 눌린 자를 자유롭게 하고 주의 은혜의 해를 전파하게 하려 하심이라 하였더라"(눅 4:18-19).

경동교회 박종화 담임목사는 국민일보 2014년 8월 19일자 "교황을 보내며"라는 기고문에서 "교황 방한은 독보적인 열광 그 자체였다. 신·불신을 막론하고 이 땅의 민심을 움직였다. 이 땅의 민심과 천심에 대해 개신교를 비롯한 종교계가 깊이 유념하고 실천해야 할 것들이 적지 않다고 본다"면서 "오늘의 천주교는 500년 전의 종교개혁의 회초리를 맞던 중세 기독교가 더이상 아니며, 종교개혁에 대응하는 '반(反) 종교개혁'을 통해 한편으로 비판점을 개선하고 다른 한편으로는 오히려 자기강화 조치를 취해 왔다"

고 찬양을 하더니, "그는 종교와 교회를 살려냈으며, 새로운 사회 건설의 꿈을 담론으로 제시했다"고 결론을 맺었다. 일반 언론은 물론 한국 교회를 대변하는 국민일보마저 교황을 마치 전지전능한 신처럼 여기며 그의 선전매체가 되었다. 심지어 그동안 국가정책을 무조건 비판하던 매체들도 바티칸의 기관지로 변한 모습을 보였다.

교황의 방한이 남긴 것

프란치스코 교황의 방한이 남긴 것은 무엇인가? 과연 교황은 박종화 목사가 지적한 대로 천주교의 개혁조치를 시도한 제2차 바티칸공의회(1962-1965)의 '내면적인 적자'인가? 교황이 방한한 4박 5일 동안 천주교가 대한민국의 국교였다. 정부에서 광화문 광장을 내어 주었는데 교황은 국법 질서를 반대한 자들을 힘주어 격려했다. 사회적인 약자에 대하여 이야기하면서도 북한 인권과 탈북동포에 대해서는 한 마디도 하지 않았다.

세월호 사건의 진실은 외면하고, 그 희생자 가족만을 네 번이나 만나고, 자신의 이름으로 세례명까지 주었다. 우리는 세월호 사건의 진실을, 회사의 부실 운영과 돈에 눈이 멀었던 경영진과 이와 관련된 공직자들의 안전 불감증에서 찾는다.

하지만 교황은 공의롭지 못했다. 거짓과 선동으로 반국가적인 일단의 사제들에게는 침묵을 하고 있다. 교황은 세월호 가족 뒤에는 정치 투쟁가들과 정의구현사제단이 있음을 알 것이다. 이것이 교황의 지극히 인간적인 사랑이었다. 천주교교황방한위원장을 맡았던 강우일 주교는 정의구현사제단의 대부이며, 제주해군기지 반대에 앞장섰었다. 한반도의 엄중한 현실에 대해서는 침묵을 지키면서 평화와 화해를 외치고 있으나, 결국 갈등과 분열을 조장하고 떠났다. 교황이 다녀간 뒤에 기쁨보다 허탈함이 더한 것은 교황의 행보가 편파적인 사랑이었기 때문이다. 이것은 공의롭지 못했다. 그러나 하나님의 사랑은 공의로운 사랑이다.

심령이 가난한 자

교황의 고향은 아르헨티나다. 그곳은 일찍이 남미 해방신학의 중심이었던 나라였다. 해방신학의 출발은 앞에서 제시한 누가복음의 본문 말씀(눅 4:18-19)을 금과옥조로 삼는 데서 비롯되었다. 남미 천주교 국가들에서 시작한 해방신학은 한국에 들어오면서 민중신학으로 변모한다. 모두가 사람 중심의 인본주의 신학이요, 육신의 행위로서 의인이 되려는 행위신학이다.

그러나 하나님 나라 헌법의 첫 조항은 **"심령이 가난한 자는 복이 있나니"**(마 5:3)다. 심령은 바로 우리의 영이다. 이것은 하나님의 영이 아니라 우리 사람의 영으로서 우리 존재의 가장 깊은 곳에 있으며, 우리가 하나님을 접촉하고, 깨닫는 기관이다. 우리가 하나님의 사랑을 접할 때에 **"주와 합하는 자는 한 영이니라"**(고전

6:17)는 말씀으로 주님과 하나 되는 영이 된다.

하나님과 하나 되는 영, 이것이 성경의 위대한 비밀이다. 이 비밀을 깨닫지 않고는 육신의 행위만을 앞세우게 된다. 바로 우리의 존재 안에서 이 부분이 가난해지고 비워짐으로써 현재의 상황에 대해 애통하며, 배척을 당할 때에 온유하고, 의에 굶주리고 목마르며, 다른 사람을 긍휼히 여기고, 마음이 청결하고, 화평하게 하며, 의를 위해 핍박을 받고, 예수님을 위하여 핍박을 받을 때에 천국이라는 복이 우리의 것이 된다(마 5:3-11).

누가복음의 본문 말씀은 이사야 61장 1-2절을 인용하는 말씀이다. 이스라엘 백성이 고난 속에서 회개하고 여호와 하나님을 기억할 때에 구원의 아름다운 소식을 전하는 내용이다. 바로 심령이 가난한 자들이 구원받고 회복된 사람들에게 주어지는 축복이다.

본문에 말한 '포로 된 자'는 **"네가 눈먼 자들의 눈을 밝히며 갇힌 자를 감옥에서 이끌어 내며 흑암에 앉은 자를 감방에서 나오게 하리라"**(사 42:7)고 말한 갇힌 자다. 이들은 사탄의 속박 아래 있는 도피자와 갇힌 자로서 사탄의 포로들이다. '눈먼 자'는 육체적으로나 정신적으로 보지 못하는 자들이다. 이들은 심판을 보지 못하는 자들이요(요 9:38), 형제의 사랑을 보지 못하는 자(요일 2:11)이며, 타락한 교회 속에서 생명의 풍요로움을 보지 못하는 자(계 3:17)다. '눌린 자'는 병이나 죄로 사탄 아래 눌린 자들이다. 이들은 예수께서 말씀하신 대로 **'죄를 범하는 자마다 죄의 종'**이다(요 8:34).

그리고 '주의 은혜의 해'는 구약에서 말하는 희년의 해다(레 25:8-17). 희년은 노예들이 풀려나고 재산이 그 정당한 소유주들에게 돌아가는 해방과 자유의 때다. 신약시대에는 하나님께서 죄로 인하여 사로잡혔다가 돌아오는 자들을 받아들이시고, 죄의 속박 아래 눌린 자들이 하나님의 구원의 해방을 즐기는 때이다.

> "지금은 은혜 받을 만한 때요 보라 지금은 구원의 날이로다"(고후 6:2).

그리스도인에게는 반드시 희년의 기쁨이 있어야 한다. 오늘의 기독교가 분열과 지탄의 대상이 되는 것은 희년의 의미가 모호하기 때문이다.

'희년'은 참 복음의 선포

예수 그리스도는 '주님의 은혜의 해', 곧 희년을 선포하심으로써 사역을 시작하였다. 예수님이 갈릴리 나사렛에서 안식일에 회당에 들어가셔서 이사야서(사 61:1-2)를 찾아 읽으면서 하신 말씀이 본문의 내용이다. 주님은 안식일의 주인이시다(마 12:8). 또한 해방의 해인 안식년이시다.

안식년은 안식일의 개념을 확대한 것으로서 안식일이 한 주의 마지막 7일째이듯이, 안식년은 7년 주기의 마지막 해이다. 안식년은 땅을 쉬게 하고(레 25:5), 그 땅의 식물은 가난한 자의 것(출 23:10-11)이며, 빚을 면제하고, 이스라엘 백성의 종들을 해방하는 것(신 15:1-6)이다. 이 해방의 해가 희년이다. 이것은 안식년 원리를 확대한 제도로서, 일곱 해의 일곱 주기 49년의 다음해인 50년이 희년이다(레 25:10).

그러므로 안식일과 안식년 그리고 희년은 모두 '안식'에서 비롯된다. 창세기 2장 2절의 하나님이 창조를 마치시고 안식하였으나, 사람의 불순종으로 인하여 깨어진 안식을 다시 회복하시기 위하여 예수님이 오셨으며, 안식의 완성은 새 하늘과 새 땅에서 영구한 안식의 은혜의 해를 맞이한다(계 21:2-3). 다시 말해 매 주의 하루인 사람을 위한 안식일과 매 칠년의 완전한 한 해인 땅을 위한 안식년은 그리스도께서 우리에게 완전한 안식의 기쁨을 주시는 희년(禧年)이다.

특히 희년(jubilee)이 중요한 의미를 가진 것은 그 본래의 뜻이 우리에게 '기쁨의 외침'이란 점이다. 바로 우리에게 기쁨의 소리, 곧 복음이란 의미다. 우리는 죄 아래의 사탄에게 팔렸다. 사도 바울은 **"나는 육신에 속하여 죄 아래에 팔렸도다"**(롬 7:14)라고 하면서 자신의 곤고함을 자백하고 있다(롬 7:24). 아담의 자손들인 우리 모두는 하나님이 우리에게 주신 권리와 자신을 죄와 사탄에게 팔았다. 뿐만 아니라 우리는 우리 자신을 구원하는 방법을 찾지 못한 소망이 없는 자였다.

그런 우리에게 예수 그리스도는 본문 말씀과 같이 진정한 은혜의 해인 희년을 선포하셨다. 바로 우리의 환희의 때이다. 50이라는 숫자는 5에 10을 곱한 것이다. 5가 책임의 숫자라면 10은 완전함의 숫자다. 50년은 책임의 완전함이다. 우리는 하나님이 전적인 책임을 지심으로써 완전한 구원을 선포하고 참 자유를 얻게 되었다.

"진리를 알지니 진리가 너희를 자유롭게 하리라"(요 8:32).

이것이 진리의 참 복음이다.
우리는 사탄의 종으로서 포로 된 자요, 눈먼 자요, 눌린 자로서 이제 참 자유를 얻어 하나님께로 돌아왔다. 얼마나 기쁜 날인가! 따라서 누가복음 4장에서 예수님이 선포한 희년은 사탄의 종인 노예로부터 해방의 선포요, 우리의 영적 장자권의 회복의 선포이며, 주님의 은혜의 해라는 기쁨의 외침의 해다. 우리는 희년에 대한 이와 같은 분명한 의미를 아는 그리스도인들이 많지 않음을 본다. 회복된 땅은 생명나무요, 에셀 나무가 풍성히 자라는 곳이다. 이것은 우리의 누림이 되신 분깃의 그리스도다. 그래서 구약의 희년은 신약에서의 은혜의 해인 것이다.

하나님이 사람을 창조한 목적

우리가 성경을 대할 때에 하나님은 어느 특정 계층만을 위하여 일하시는 편협한 하나님이 아니시다. 해방신학이나 민중신학에서는 하나님의 희년의 선포를 문자적으로 해석하여 이 땅에서 억눌리고, 소외되고, 핍박 받는 자들에게 자유를 주어야 한다고 주장하고 있다.

최근 교황과 천주교 일부 사제 그리고 자유주의 기독교인들은 세월호 희생자를 그 대표적인 희년의 대상자로 주장하고 있다. 김지하 시인은 SNS를 통해 "세월호 사건의 진실은 선주와 사고가 나도록 원인을 제공한 일부 공직자들이다. 대통령과 정부는 이들의 사고를 교사한 바 없다. 어째서 모든 국민이 물어줘야 하는가? 사망자 전원을 의사자로 한다는 것은 노벨평화상이라도 받아야 할 가공할 인도주의다"라고 말했다. 이것이 교황이 껴안고 애달파한 사랑의 모습이다.

그러나 하나님은 사람을 창조하실 때에 **"우리의 형상을 따라 우리의 모양대로 우리가 사람을 만들고 그들로 바다의 물고기와 하늘의 새와 가축과 온 땅과 땅에 기는 모든 것을 다스리게 하자"** (창 1:26)고 분명하게 말씀하셨다. 하나님은 사람이 불순종으로 인하여 창조의 목적을 망각한 채 정처 없는 나그네로 살고 있기에 이를 구원하고자 희년을 선포하셨다. 하나님은 자신의 형상을 닮은 많은 아들들을 낳아, 자신의 통치권에 도전했던 사탄을 대적하는 승리자로 만드는 것이 목적이다. 이에 대한 믿음에는 귀천이 따로 없고 억압한 자와 억압당한 자가 따로 없다.

오직 그리스도인은 어떤 사람이든 간에 믿음으로 산다(롬 5:1). 그리스도의 사랑은 우리가 하나님의 생명을 소유하고, 성장하여, 알곡이 되는 것이다. 진정한 사랑은 공중의 권세(엡 2:2), 곧 죄의 속박 아래서 포로 된 자, 눈먼 자, 눌린 자(사 61:1)가 가난한 심령을 갖고 회복함으로써 참 자유와 참 안식을 얻는 것이다. 이것이 우리를 참으로 자유케 하는 진리요(요 8:32), 그리스도의 사랑이다.

'연구총서' 발간에 후원 바랍니다.

오늘날 교회는 흑암의 권세 아래서 세속화라는
많은 웅덩이를 스스로 파고 있습니다.
"내 백성이 두 가지 악을 행하였나니
곧 그들이 생수의 근원 되는 나를 버린 것과
스스로 웅덩이를 판 것인데
그것은 그 물을 가두지 못할 터진 웅덩이들이니라"(렘 2:13).
이 웅덩이를 메우는 '연구총서' 발간을 통하여
참으로 성경으로 돌아가고자 합니다.
이러한 문서선교의 외침이 계속되도록 후원을 바랍니다.
감사합니다.

o 주   소 : 서울 종로구 대학로 19, 한국기독교회관 503호
o 연락처 : (02)762-7033, 010-3156-0774(문병길)
o E-mail : mbk9628@naver.com
o 후원계좌 : 국민은행 488401-01-222291
            (종교근본주의연구소)
☞ 말씀 상담을 원하시는 분은 연락 바랍니다.

판권
소유

그리스도인의 정상적인 생활과 믿음

2014년 10월 30일 인쇄
2014년 11월 5일 발행

지은이 | 문병길
발행인 | 이형규
발행처 | 쿰란출판사

주소 | 서울시 종로구 이화장길6
TEL | 745-1007, 745-1301~2, 747-1212, 743-1300
영업부 | 747-1004, FAX/745-8490
본사평생전화번호 | 0502-756-1004
홈페이지 | http://www.qumran.co.kr
E-mail | qrbooks@gmail.com
         qrbooks@daum.net
한글인터넷주소 | 쿰란, 쿰란출판사

등록 | 제1-670호(1988.2.27)

책임교열 | 정연숙·송은주

값 10,000원

ISBN 978-89-6562-687-9 93230

*이 출판물은 저작권법에 의해 보호를 받는 저작물이므로 무단 복제할 수 없습니다.
*잘못된 책은 교환해 드립니다.